Über dieses Buch

Dies Buch enthält die erste wissenschaftliche Arbeit des bekannten Tiefenpsychologen Josef Rattner, seine preisgekrönte medizinische Doktorarbeit, mit der er sich bereits vor zwölf Jahren in die Gruppe derjenigen tiefenpsychologischen Schizophrenie-Interpreten einreihte, die den Kampf um die Reform der traditionellen Psychiatrie aufgenommen hatten. Mit dem Ergebnis dieser tiefenpsychologischen Untersuchung — »Man wird schizophren durch das Leben, nicht durch die Geburt« — richtete sich Rattner bereits damals mutig gegen die bestehenden, umgekehrt definierenden Lehrmeinungen der offiziellen Psychiatrie, die die Psychotherapie Schizophrener ablehnte, weitgehend am (unbekannten) körperlichen Ursprung der Krankheit festhielt und physikalische und chemische Heilmethoden propagierte und praktizierte.

Diese frühe Arbeit von Josef Rattner, die in ihrer Methode und Aussage noch heute ihre volle Gültigkeit hat, ist der Ausgangspunkt zur weiteren Forschung auf dem Gebiet der psychologischen Schizophrenielehre geworden. Nur lassen sich die damaligen Ergebnisse heute in einen größeren Rahmen der Forschung einfügen. Diese Erweiterung des Blickfeldes, zu der auch Josef Rattners eigene Weiterentwicklung vom Anhänger der Einzeltherapie zum Verfechter der Gruppentherapie gehört, handelt Rattner in einer umfangreichen Einleitung zur Neuausgabe seines Frühwerkes ab. Seine ausführlichen Besprechungen der wichtigsten Literatur informieren den Leser über den derzeitigen Stand der psychologischen Schizophreniebetrachtung und geben ihm die Möglichkeit, die wichtige frühe Arbeit auch in das heutige theoretische und therapeutische Denken einzuordnen.

Über den Autor

Josef Rattner, 1928 in Wien geboren, studierte Philosophie, Psychologie, deutsche Literatur und später Medizin. Er promovierte zum Dr. phil. und Dr. med. Heute ist er Lehranalytiker für Tiefenpsychologie, Gruppendynamik und Gruppentherapie in Berlin und hat neben seiner praktischen Arbeit etwa 30 Bücher zu diesen Themenkreisen geschrieben.

Im Fischer Taschenbuch Verlag erschienen bisher: ›Aggression und menschliche Natur‹ (Bd. 6173); ›Der schwierige Mitmensch‹ (Bd. 6186); ›Gruppentherapie‹ (Bd. 6223); ›Psychotherapie als Menschlichkeit‹ (Bd. 6253) und ›Neue Psychoanalyse und intensive Psychotherapie‹ (Bd. 6266).

Josef Rattner

Wirklichkeit und Wahn

Das Wesen
der schizophrenen Reaktion

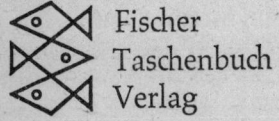

Fischer
Taschenbuch
Verlag

Fischer Taschenbuch Verlag
Mai 1976
Neuausgabe

Umschlagentwurf: Jan Buchholz/Reni Hinsch

Fischer Taschenbuch Verlag GmbH, Frankfurt am Main
© 1976 Fischer Taschenbuch Verlag GmbH, Frankfurt am Main
Gesamtherstellung: Hanseatische Druckanstalt GmbH, Hamburg
Printed in Germany
480-ISBN 3 436 02272 1

Er ging gleichgültig weiter, es lag ihm nichts am Weg, bald auf-, bald abwärts. Müdigkeit spürte er keine, nur war es ihm manchmal unangenehm, daß er nicht auf dem Kopf gehen konnte.

(GEORG BÜCHNER, LENZ)

Inhalt

Einleitung 1976

Psychiatrie am Scheidewege

Nicht ohne einige innere Bewegung nehme ich wieder dieses Buch zur Hand, von dessen Ausarbeitung mich immerhin dreizehn Jahre trennen. Die notwendig gewordene zweite Auflage ermuntert dazu, den Blick zurückzuwenden, um die Entstehungsbedingungen dieser Arbeit zu reflektieren. Dabei ist es kaum zu vermeiden, daß die Biographie des Autors zumindest am Rande auch in die Überlegungen einbezogen wird. Man schreibt derartige Bücher nicht »neben der sonstigen Lebensführung«. Es ist immer auch »gelebtes Leben«, das hierin zum Ausdruck kommt und Gestalt annimmt.

Mein Weg zu diesem Buch hin war etwa folgender: Ich hatte 1951 an der Universität Zürich mit einer Dissertation über »Das Menschenbild in der Philosophie Martin Heideggers« meine philosophischen, psychologischen und literaturwissenschaftlichen Studien mit dem Dr. phil. abgeschlossen. Ungefähr gleichzeitig absolvierte ich das Züricher »Institut für Angewandte Psychologie«, wo man die Verfahren der Psychodiagnostik (angewendet auf Berufsberatung und Psychotechnik etc.) erlernen konnte. Dann widmete ich mich einige Jahre der Psychotherapeuten-Ausbildung: ich machte meine Charakter- und Lehr-Analyse und begann, Erfahrungen in der seelenärztlichen Behandlung zu sammeln. Da ich aber bald feststellen mußte, daß ich als »Laien-Analytiker« (also als Nicht-Mediziner) im beruflichen Status hinter meinen ärztlichen Kollegen zurückstehen mußte, entschloß ich mich, neben meiner alltäglichen Arbeit als Psychologe auch noch Medizin zu studieren. Die Jahre 1957—63 boten daher ein hartes Stück Arbeit; erleichternd wirkte, daß ich sehr bald für das medizinische Fachgebiet lebhaftes Interesse gewann, wobei vor allem der Ausblick auf die Erforschung psychosomatischer Probleme im Mittelpunkt meiner Zukunftshoffnungen stand. So sehr ich mich auch in die medizinischen Sachfragen einließ, blieb ich doch immer Psychologe, denn ich war bereits jenen großen Lebensfragen auf der Spur, von denen sich die Organmedizin nichts träumen läßt. Das therapeutische Gespräch mit dem seelisch leidenden Menschen faszinierte mich mehr als der materiell-technische Aufwand von Röntgenbildern, Laborbefunden, physischen Behandlungsmethoden und einer institutionalisierten Therapie, für die der Patient recht häufig nur »eine Nummer« ist.

So war ich nahezu am Ende meines Medizin-Studiums angekommen. Ich überlegte, welche Doktorarbeit ich wählen sollte. Es war mir klar, daß ich nicht beabsichtigte, irgendeine belanglose experimentelle oder statistische Dissertation zu schreiben: ein Jahr sinnloser Zeitvertrödelung lag nicht in meinem Plan. Ich wollte mit einem Thema doktorieren, bei dem ich für mein Leben und meinen Beruf Wesentliches lernen könnte.

Nun hatte ich als Psychotherapeut schon einigen Umgang mit schizophrenen Patienten gehabt. Ich hatte einen Großteil der entsprechenden Fachliteratur hinsichtlich der Psychologie und Psychotherapie Schizophrener zur Kenntnis genommen. Meine eigene Erfahrung bestätigte die These tiefenpsychologischer Autoren, daß man bei solchen Erkrankungen mit rein psychischer Beeinflussung viel erreichen konnte. Aber das Thema war damals schon ebenso kontrovers, wie es heute ist. Die traditionelle Psychiatrie hielt weitgehend am *(unbekannten)* körperlichen Ursprung der Krankheit fest und propagierte physikalische und chemische Heilmethoden, vorwiegend psychotrope Medikamente. Letzteres galt nur für die fortschrittlicheren Psychiater; die konservativeren schworen immer noch auf Elektroschocks und Insulinkuren, die auf rätselhafte Weise Besserungen zu erzielen vermochten. Psychotherapie an Schizophrenen wurde diskutiert, galt aber als »Spezialität«, der man noch große Skepsis entgegenbringen mußte.

Es konnte mir natürlich nicht daran liegen, mit meiner Dissertation in das Wespennest der Psychiatrie einzubrechen. Es schien mir aussichtslos, als Doktorand gegen die offiziellen psychiatrischen Lehren aufzutreten, wobei dann die Vertreter dieses Faches noch die Güte haben sollten, mir einen Doktorhut zu verehren. Ich war in einem Dilemma, das mir unauflöslich erschien. Der Zufall spielte mir eine Lösung in die Hand.

Die medizinische Fakultät der Universität Zürich hatte 1961 ein Preisausschreiben mit dem Thema »Das Wesen der schizophrenen Reaktion« gemacht. Als ich den betreffenden Anschlag am »Schwarzen Brett« sah, hatte ich das Gefühl, sozusagen offiziell mein Thema bekommen zu haben. Da nur Studenten solche Problemstellungen bearbeiten durften, wunderte ich mich allerdings, wie man auf ein Problem von so hohem Schwierigkeitsgrad gestoßen war. Immerhin, ich hatte Arbeitskraft genug, um mich durch ein solches Labyrinth von Fragenkomplexen durchzuarbeiten.

Ich vergrub mich einige Monate in die Bibliothek der Psychiatrischen Universitätsklinik, dem um die Jahrhundertwende so berühmten »Burghölzli«, an dem *Auguste Forel, Eugen Bleuler* und *C. G. Jung* gewirkt hatten. Ich las alles, was es über mein Thema gab. Und je mehr ich mich darein vertiefte, desto dankbarer mußte ich dem Zufall sein: denn die »schizophrene Reaktion« ist im Grunde eine Miniatur-Psychose, bei der auch die traditionelle Psychiatrie die psychogenen Entstehungsgründe anerkennt. So konnte ich ohne Einschränkung und Vorsichtsmaßnahmen den psychologischen Ursprung der »kleinen Psychose« postulieren und dabei — zwischen den Zeilen — auch die »große Psychose« der Schizophrenie abhandeln. Mein Beitrag galt der Schizophrenie-Forschung überhaupt, aber als »Anfänger« tat ich ganz gut daran, das Thema nicht als Ganzes anzupacken, sondern es »von einem Ende her« aufzurollen.

Nach einigen Monaten hatte ich den vorliegenden Text beisammen. Professor *Manfred Bleuler* (der Sohn *Eugen Bleulers*), der damalige Ordinarius für Psychiatrie, nahm das Manuskript in Empfang. Schon nach wenigen Tagen schrieb er mir, er habe eigentlich gar nicht erwartet, daß irgendein Student ein so komplexes Problem aufgreifen würde, meine Arbeit sei die einzige, die eingereicht worden wäre. Aber nicht nur aus diesem Grund verdiene sie die Prämie im Preisausschreiben der Fakultät. Sie sei auch ohne jegliche Korrektur als Doktorarbeit angenommen, wozu er mir herzlich gratulieren wolle.

Ich hatte als Motto über meine Arbeit den lateinischen Ausspruch gesetzt: *Schizophrenicus fit, non nascitur.* Auf deutsch: *Man wird schizophren durch das Leben, nicht durch die Geburt.* Mit dieser Formulierung reihte ich mich programmatisch in die Gruppe tiefenpsychologischer Schizophrenie-Interpreten ein, die in den harten Kampf um die Reform der Psychiatrie verwickelt waren (und es noch sind).

Dreizehn Jahre trennen mich heute von der Entstehung dieses Buches: wie habe ich mich und wie hat sich das Problem weiterentwickelt?

Da ich der Meinung bin, daß meine damals eingenommene Position immer noch gültig ist, kann ich meinen Text ohne jede Umarbeitung dem Lesepublikum heute wieder vorlegen. Ich bin kein Freund von »Überarbeitungen«, bei denen früher formulierte Thesen mit späteren Gedanken so vermischt werden, daß man die Entwicklungslinie des Autors kaum mehr erkennen kann. Daher schien es mir angebracht, meine gedankliche Weiterentwicklung nicht mit dem alten Text zu verschmelzen. Was ich inzwischen hinzugelernt habe, soll in dieser Einleitung untergebracht werden. Denn sowohl ich als auch die psychologische Schizophrenielehre sind in dieser Zeit vorangekommen. Das Alte ist nicht ungültig geworden, aber es kann derzeit in einen größeren Rahmen eingefügt werden.

Meine eigene Entwicklung verlief außerhalb der Psychiatrie. Nachdem ich von 1963–67 weitere psychotherapeutische Ausbildungen absolvierte, in deren Mittelpunkt »Familientherapie« und »Gruppenpsychotherapie« standen, erhielt ich ein Forschungsstipendium der Freien Universität Berlin, das vor allem dem Thema »Aggression und menschliche Natur« galt. Ich übersiedelte von Zürich nach Berlin. Hier konnte ich mich zwei Jahre lang intensiver Forschungstätigkeit widmen, die neben dem genannten Thema auch Fragen der politischen Psychologie, der Kulturpsychologie, der Wissenschaftstheorie und der Pädagogik umfaßte.

Um 1969 baute ich dann in Berlin meine eigene psychotherapeutische Praxis auf. Da ich auch einen Lehrauftrag an der Freien Universität hatte, wurde ich von vielen Studenten konsultiert: meine rasch wachsende Patientenzahl rekrutierte sich großenteils aus den Universitäten der Stadt. In einer Kombination von Einzel- und Gruppentherapie suchte ich der »Riesenschar« meiner Analysanden gerecht zu werden. Dabei entstand – als Ausdruck davon, daß ich Therapie immer auch mit Schulung in der Tiefenpsychologie verband – der *Arbeitskreis für Tiefenpsychologie, Gruppendynamik und Gruppentherapie*, von dem weiter unten noch ausführlicher die Rede sein soll. Im jetzigen Zeitpunkt ist dies zu einer eigentlichen *Schule der Psychologie und Psychohygiene* geworden, in der einige hundert Personen aus allen Berufsschichten sich dem Studium der Psychoanalyse und der therapeutischen Hilfeleistung widmen.

Bei einer so weitläufigen praktischen Tätigkeit, neben der ich auch in den Jahren von 1969 bis 1975 etwa fünfzehn Bücher über die obengenannten Themen veröffentlicht habe, konnte von einer weiteren Konzentration auf das Schizophrenieproblem keine Rede sein. Dennoch behielt ich diese Frage sehr genau im Auge. Ich hatte ausreichend Grund dazu, denn unter meinen zahlreichen Analysanden gab es immer wieder Patienten mit Schizophrenie oder »schizophrenen Reaktionen«.

Dabei veränderte sich mein Konzept sowohl in theoretischer als auch in therapeutischer Hinsicht. Unter den zahlreichen Publikationen über das Schizophreniethema, die ich in den vergangenen dreizehn Jahren durchgearbeitet habe, haben einige meinen Blick besonders ausgeweitet. Ich lernte durch sie, die Schizophrenie — dieses »große Naturexperiment«, wie J. Berze zu sagen pflegte — unter einem umfassenderen Horizont zu sehen. Die Autoren, denen ich hierbei zu speziellem Dank verpflichtet bin, sind u. a. *Ronald D. Laing, Jan Foudraine, Michel Foucault, Gregory Bateson, Don D. Jackson, Jay Haley, Theodore Lidz, Harold F. Searles, Frieda Fromm-Reichmann, Joseph Gabel, J. P. Sartre*. Ich kann nicht auf alle Texte eingehen, die mir im Verständnis des Menschen in seiner psychischen Gesundheit und Krankheit weitergeholfen haben; aber ich werde weiter unten zumindest einige Bücher referieren, die ich für die Schizophrenieforschung als wesentlich erachte.

Besonders stark hat sich meine Einstellung als Therapeut gewandelt. 1962 war ich noch Anhänger der Einzelpsychotherapie. In jahrelanger, geduldiger Bemühung sich einem einzelnen Patienten zu widmen, das schien mir der Gipfel des Therapeuten-Ethos zu sein. Heute haben sich mein Interesse und meine Hoffnung fast gänzlich auf die Gruppentherapie verlagert. Ich glaube, daß die therapeutische Gruppe für alle Krankheitsfälle und für alle Lebensprobleme viel mehr ausrichten kann als die therapeutische Zweier-Beziehung zwischen Arzt und Patient. Die Großgruppe, die ich in Berlin aufgebaut habe, umfaßt derzeit circa 400 Personen, die in kleinen, größeren und auch sehr großen Gruppen (bis zu 250 Personen) behandelt werden. Es entstand hierbei eine therapeutische Gemeinschaft, die eine erstaunliche Tragfähigkeit und Kohärenz besitzt. Patienten, die zu uns kommen, aufgrund welcher Diagnose auch immer, fühlen sich sofort ins Gemeinschaftsleben einbezogen. Sie lernen sich selbst und andere verstehen und im Prozeß gegenseitiger Hilfeleistung die Genesung anzustreben.

Die Erfolge dieser Therapie sind größer, als ich es mir je erträumen konnte: ich habe darüber in meinen Publikationen »Gruppentherapie — die Psychotherapie der Zukunft« (Frankfurt 1973); »Psychoanalyse und Psychotherapie der Angst« (München 1972); »Homosexualität — Psychoanalyse und Gruppentherapie« (Olten 1974) und »Neue Psychoanalyse und intensive Psychotherapie« (Frankfurt 1974) ausführlich berichtet.

Auch schizophrene Patienten sprechen auf diese Gruppentherapie — die nicht nur Persönlichkeits-Analyse, sondern auch »Lebens-Schule« im wahrsten Sinne des Wortes ist — ausgezeichnet an. Da sie sich nicht so sehr auf den Therapeuten fixieren können, fallen die Übertragungsphänomene viel milder aus, als man dies von der Einzeltherapie her gewohnt ist. Es gibt nicht so viele Krisen und Katastrophen, denn die Gruppe umfängt diese vereinsamten und verängstigten Menschen und flößt ihnen Lebensmut ein: die unsägliche Mühe, die die Einzelbetreuung schizophrener Patienten mit sich bringt, fällt weg, und der Therapeut ist in der Lage, eine größere Zahl psychotischer und neurotischer Menschen zu betreuen.

Das Handicap war früher, daß auch nach mehrjähriger Analyse der ehemals Schizophrene eine nur schmale Lebensbasis besaß: er konnte in der Therapie nur Beziehung zum Therapeuten aufnehmen, und der Schritt von der Therapie ins Normalleben blieb schwierig und risikobehaftet. Nunmehr kann der psychotische Analysand schon in der Gruppentherapie vielfältige und verschiedenartige Kontakte einüben, die ihm den Zugang zur Wirklichkeit auf breiter Front ermöglichen. Ich meine heute, daß die Gruppentherapie in wachsendem Maße die Einzeltherapie abzulösen und zu ersetzen berufen ist.

Nun will ich in der Folge einige Bücher in ihren Inhalten darstellen, aus denen der Leser den derzeitigen Stand der psychologischen Schizophreniebetrachtung entnehmen kann. Ich schicke dieses Referat meinem Text von 1963 voraus, damit man die damalige Arbeit in das heutige theoretische und therapeutische Denken einordnen kann.

Mit seinem Buch »Wer ist aus Holz?« (München 1973) hat *Jan Foudraine* in aufrüttelnder Weise einige Grundprobleme der heutigen Psychiatrie zur Diskussion gestellt. Foudraine beschreibt, wie er als Psychiater ausgebildet wurde und welche Erfahrungen er in der Berufspraxis machte. Er war zutiefst beeindruckt von der Tatsache, daß in den Nervenkliniken offensichtlich weitgehend therapeutischer Nihilismus vorherrscht. Die psychiatrische Behandlungsweise ist in der Routine erstarrt. Schon der rein institutionelle Rahmen der Klinik erschwert eine sachgerechte Therapie.

Gerade am Psychosenproblem wird dies besonders deutlich. Die Psychiatrie krankt heute noch an dem Umstand, daß sie im vergangenen Jahrhundert als »Naturwissenschaft« konzipiert wurde. Im Sinne des Materialismus jener Epoche war sie darauf bedacht, alle seelischen Phänomene als Begleiterscheinungen von Körpervorgängen zu »erklären«. *Griesinger* in Berlin formulierte das klassische Vorurteil mit den Worten:

»Geisteskrankheiten sind Gehirnkrankheiten.« Damit waren die Weichen gestellt. Die Psychiater suchen nun seit langem für jede Psychose eine organische, biologische Basis. Anomalien im Hirn und Stoffwechselstörungen sind bevorzugte Hypothesen. Aber eine mehr als hundertjährige Forschung hat keine wesentlichen Befunde erbringen können. Trotzdem fährt man weiter fort, Milliardenbeträge in die Hirn- und Hormon-Mythologie zu investieren. Die Psychiatrie bleibt bei der Auffassung, daß Psychosen wie die Schizophrenie ein organischer Prozeß sein müssen.

Auf dieser fraglichen oder falschen Spur sich voranarbeitend, mußten sich die Psychiater begnügen, die Geisteskrankheiten zu etikettieren und zu beschreiben. Die Therapie trat hierbei in den Hintergrund. Der meist hilflose Psychiater rächte sich an jenen Patienten, die ihm das Erlebnis der Erfolglosigkeit seiner Bemühungen vermittelten, durch eine Art von verbalem Ressentiment. Etikettieren und Für-unheilbar-Erklären kann dem Selbstschutz des Psychiaters dienen. Hierzu sagt *Foudraine*:

»So verführt die bewußte und hartnäckige Abwehr eines Menschen, mit dem man Kontakt sucht, zu bestimmten ›Schlüssen‹, Hypothesen über den ›organischen Ursprung‹ abnormen Verhaltens, wenn dieses Verhalten gewisse Proportionen überschreitet. Nochmals — ich halte es für wahrscheinlich, daß die ganze klinische (neo-kraepelinianische) Psychiatrie so etwas wie das verzweifelte Suchen nach Erklärung durch Benennung ist, zu dem Psychiater ihre Zuflucht nahmen, denen seitens ihrer Patienten jegliche Form von Kontakt verweigert wurde oder die durch Aussprüche in Verwirrung gerieten, die sie nicht verstehen konnten (oder wollten).« (loc. cit. S. 33)

Bis jetzt hat man immer Neurologie und Psychiatrie als zusammengehörend betrachtet. *Foudraine* ist dafür, daß man diese beiden Disziplinen voneinander radikal trennt. Die Neurologie befaßt sich tatsächlich mit organischen Schädigungen der »Nervensubstanz«. Sie muß daher auch in erster Linie somatische Diagnostik und Therapie betreiben. Es dient aber der Verewigung eines alten Irrtums, wenn man die Psychiatrie von vornherein ebenfalls zu den »somatischen Disziplinen« zählt. Gewiß gibt es auch unumstrittene organische Krankheitsbilder in diesem Fach, wie z. B. Schrumpfungen der Hirnrinde, Alkoholdelirium, paralytische Demenz (Endstadium einer syphilitischen Erkrankung), Gehirntumore usw. Aber die Schizophrenie als eine der wichtigsten psychiatrischen Erkrankungen paßt nicht in das Modell der Somatologie. Man muß daher erwägen, ob nicht die Psychiatrie als Ganzes aus der Umschlingung durch neurologische und andere rein biologische Denkweisen befreit werden sollte.

Denn wenn die Schizophrenie z. B. seelische »Ursachen« oder Hintergründe hat, dann ist es völlig verfehlt, sie durch Elektroschocks, Insulinkuren und psychotrope Medikamente behandeln zu wollen. In akuten Erregungszuständen mag die eine oder andere Behandlungsweise *vorübergehend* sinnvoll sein; sie kann allfällige Panik dämpfen und den Patienten ruhigstellen. Aber die entscheidende Therapie muß zentral das Seelenleben des Patienten anvisieren. Tut sie das nicht, so läuft sie Gefahr, die Störung am »falschen Ort« anzupacken, was zumeist mit »Chronifizierung der Krankheit« endet. Denkt man sich das Faktum aus, daß vielleicht Millionen schizophrener Patienten in dieser Weise nur unzulänglich oder falsch behandelt werden, so steht man vor einer menschlichen und moralischen Misere, die ans Herz greifen kann. Es ist auch nicht zu übersehen, daß Milliardenbeträge, die für somatische Forschung und Therapie in diesem Bereich ausgegeben werden, als vergeudet erscheinen, wenn die Schizophrenie (aber auch die sogenannten endogenen Depressionen sowie auch das manisch-depressive Irresein) zum Thema der »psychischen Erkrankungen« gehört.

Foudraine würdigt die Leistungen der »phänomenologischen Schule« (zu der u. a. *Karl Jaspers,* aber auch die »Daseinsanalyse« von *Binswanger* und *Boss* zu zählen sind), die eine lebensnahe Beschreibung des Welt- und Selbst-Erlebens der Patienten zustande gebracht hat. Aber er legt den Finger auf einen wunden Punkt, wenn er daran erinnert, wie die meisten Phänomenologen sich in der Praxis verhielten: großenteils bemühten sie sich gar nicht um die Heilung der einfühlsam beschriebenen »Kranken«, sondern begnügten sich damit, gleichsam vom grünen Tisch her über die Krankheit zu »philosophieren«. Diese Kritik muß u. a. für *Jaspers* und *Binswanger* ausgesprochen werden. *Binswanger* durchleuchtet in umfangreichen Publikationen sehr geistreich Krankengeschichten, deren Objekte er gar nicht persönlich kannte; er meditiert über Schizophrene, mit denen er gar nicht in Kontakt kam. Hierüber sagte *Foudraine* mit Recht:

»Kehren wir zurück zu unseren ›Phänomenologen‹. Ob es sich nun um verfeinerte Beschreibung von ›Weltbildern‹ handelte oder um eine minuziöse Beschreibung von Verhaltensformen –, es geht darum, daß sich diese ›Phänomenologen‹ doch mit dem *Beobachten auf Distanz* zufrieden gaben. *Sie gingen keine Beziehung ein, waren*

nicht wesentlich beteiligt und engagiert als hilfeleistender Mensch.«
(loc. cit. S. 91)

Es ist sehr zweifelhaft, ob jemand das Innenleben eines schizophrenen (oder neurotischen) Patienten begreifen kann, wenn er sich nicht in den Versuch einer Hilfeleistung einläßt. Die Psychiatrie muß den schönen Satz von *Kurt Lewin* beherzigen: »Wenn du einen Menschen kennenlernen willst, versuche ihn zu ändern!« Da die Psychiater seit hundert Jahren nur mit halbem Herzen an ihren Patienten etwas zu ändern versuchen, haben sie diese eventuell kaum richtig kennengelernt. *Foudraine* meint sogar, daß das übliche Krankheitsbild der Schizophrenie wesentlich vom Klinikmilieu mitbeeinflußt sei. Er verweist auf eine von *R. Laing* mitgeteilte Anekdote, nach der ein Professor einen schizophrenen Patienten in einer Vorlesung Studenten vorführte und ziemlich kaltblütig die Symptomatologie der Krankheit abhandelte, bis der Patient ausrief: »Ich bin aus Holz!« Diesen Ausruf nahm der Psychiater zum Anlaß, wiederum auf die *unerklärlichen Wahn-Ideen* zu rekurrieren, ohne zu sehen, daß der Patient damit einen Protest äußern wollte: man solle ihn doch nicht »wie ein Stück Holz« behandeln!

Ein ähnliches Beispiel haben wir selbst in der Zeit unseres Medizinstudiums erlebt. Der Ordinarius, ein weltberühmter Forscher, zeigte uns einen schizophrenen Patienten und wollte darlegen, wie die Realitätsorientierung mehr oder minder verlorengegangen sei. Zu diesem Zweck hielt er dem auch etwas senilen Patienten einige Gegenstände vors Gesicht und fragte ihn ziemlich entwürdigend ab: »Was ist das? Und was ist jenes?« Dem Kranken war offensichtlich nicht behaglich dabei, aber er gab richtige Antworten. Bis zuletzt der Professor, der so viele Gegenstände vorgezeigt hatte, noch die überflüssige Frage stellte: »Und wer bin *ich*?« Die Antwort des gekränkten Patienten lautete: »Ein Hausierer!« Der treffende Scherz wurde von unserem Psychiatrielehrer gar nicht wahrgenommen. Mit einem leicht ironischen Unterton sagte er: »Sehen Sie, der Patient weiß nicht einmal mehr, wer ich bin, obwohl wir schon oft miteinander gesprochen haben!«

Schizophrene Patienten brauchen nach der Meinung *Foudraines* nicht Psychiater, sondern Psychotherapeuten. Diese streben es an, mit ihren Patienten eine echte Beziehung herzustellen. Sie sind sich bewußt, daß sie nur auf dem Boden einer emotional tragfähigen Kontaktnahme diese Art von gestörten Menschen verstehen können. Sie stellen sich diesen »Kranken« nicht als »eingebildete Gesunde« gegenüber. Sie wissen, daß wir alle zumindest teilweise schizophren sind, also kein Podest benötigen, um uns solcher Patienten gleichsam von oben herab anzunehmen. Nähert man sich auf der Ebene der Gleichwertigkeit und Gleichberechtigung solchen schwer irritierten Menschen, so macht man sehr oft die beglückende Erfahrung, wie viel sie einem zu geben haben. Die psychiatrische These vom »Autismus« (Abkapselung und Selbstgenügsamkeit) des Schizophrenen hat ihr Gegenstück im »Autismus der Psychiater«, die die gefühlsmäßige Brücke zum Patienten nicht schlagen können. Denn der Patient ist sowohl beziehungs- als auch übertragungsfähig, wenn man imstande ist, ihm eine Beziehung anzubieten, die seiner inneren Not gerecht wird.

Foudraine schließt sich *Thomas Szasz* an, der in seinem Buch »Geisteskrankheit — ein moderner Mythos« (Olten 1972) einen massiven Angriff gegen die heutige Psychiatrie führt. Für Szasz gehört die Psychiatrie nicht zur Medizin, sondern zu den Sozialwissenschaften. Es sollte keine »Psychiatrischen Krankenhäuser« geben, sondern »Lebens-Schulen« für Menschen, die nicht gelernt haben, angstfrei und produktiv zu leben. Indem die Psychiatrie solche Menschen, die zu wenig »soziale Geschicklichkeit« erworben haben, zu »Kranken« stempelt, verleitet sie sie dazu, sich in ihrer angeblichen Erkrankung »lebenslänglich einzurichten«. Es entsteht ein Rollenspiel zwischen dem Psychiater und seinem psychotischen Patienten: der erstere bietet sich als »Arzt« an, wodurch er den letzteren in die »Kranken-Rolle« drängt, die übrigens gerne übernommen wird, weil sie der Angst und dem Sicherheitsbedürfnis des seelisch leidenden Menschen entgegenkommt.

Dem sollte in Zukunft ein Ende gesetzt werden. Der »psychisch kranke« Mensch ist nicht krank im selben Sinne wie der »körperlich Kranke«. Letzterer hat einen Körperschaden, der materiell faßbar ist und demnach auch mit materiellen Mitteln irgendwelcher Art behandelt und behoben werden sollte. Für den ersteren gilt viel eher, daß seine Kommunikation und Kooperation gestört ist. Er hat weder durch Sprache noch durch Zusammenarbeit die Verbindung mit den Mitmenschen aufzunehmen gelernt. Also muß er sprechen und kooperieren lernen. Die psychische Erkrankung kann mit einem »Sprachfehler« verglichen werden. *Foudraine* verweist auf das schöne Zitat von *Hayakawa*, der als Semantiker an *Korzybski*, den Begründer der Semantik, anknüpft.

»Wenn ein Kind mit einer Wortwelt in seinem Kopf erwachsen wird, die ziemlich genau mit der Welt übereinstimmt, die es mit

seiner wachsenden Erfahrung entdeckt, verringert sich für dieses
Kind die Chance (und Gefahr), durch das, was ihm begegnet, schok-
kiert und verletzt zu werden. Seine Wortwelt hat ihm ziemlich
genau gesagt, was es erwarten kann. Es ist auf das Leben vorbereitet. Aber wenn das Kind mit einer falschen Landkarte im Kopf
aufwächst – das heißt, mit einem Kopf voll falscher Voraussetzungen und Aberglauben –, dann fährt es sich fest und gerät in Schwierigkeiten. Es funktioniert nicht mehr effizient, verhält sich sonder-
bar, findet keinen Anschluß an die Welt, wie sie ist. Wenn dieser
Mangel an Anpassung groß ist, landet es in einer psychiatrischen
Anstalt.« (loc. cit. S. 309)

Wenn diese Aussage richtig ist, dann brauchen die Psychotiker
nur in akuten Erregungszuständen Medikamente; ansonsten
wäre ihnen eher mit einer »Schule des Miteinandersprechens
und des Gefühlsaustausches« geholfen. Zu diesem Zweck müßten allerdings die Kliniken umfunktioniert werden. Aus
psychiatrischen »Krankheiten« müßten »Fehlschläge in der
Persönlichkeits-Entwicklung« werden. Die psychiatrische Behandlung müßte ersetzt werden durch Verfahren, die Per-
sönlichkeits-Bildung ermöglichen. Damit rückt die Psychiatrie
in die Nähe der Pädagogik, der Psychotherapie, der »Erwach-
senen-Bildung«.
Freud hat vermutlich diese Entwicklung geahnt, als er in seinem Büchlein »Die Frage der Laien-Analyse« (1926) davor
warnte, die Psychoanalyse zu einem Spezialfach der Medizin
zu machen. Er wollte, daß nicht nur Mediziner die Psychotherapie für sich usurpieren sollten – es müßte auch Gelegenheit
geschaffen werden, diese kostbare Wissenschaft für Human-,
Sozial- und Geisteswissenschaftler offenzuhalten. Bekanntlich
wurde *Freuds* Anregung aus Interessen des medizinischen
Berufsstandes von den Fach-Medizinern (auch innerhalb der
Psychoanalyse) großenteils abgelehnt. Aber der Vater der
Psychoanalyse hat wohl recht gehabt, wenn er in Anlehnung
an ein berühmtes Wort aus der Politik formulierte: »Die
Psychoanalyse ist eine zu wichtige Sache, als daß man sie den
Medizinern überlassen dürfte!«
Damit beendet *Foudraine* seine Ausführungen, die in der For-
derung gipfeln, Schizophrenie — wie die Neurosen — durch
Psychotherapie zu behandeln und zu heilen. Aber weniger
klar ist sich der mutige Autor darüber, wie diese psychothera-
peutische Behandlungstechnik aussehen soll. Während seines
Aufenthalts in der Chestnut Lodge Clinic in den USA, die
durch das Wirken von *H. S. Sullivan* in der Schizophrenen-
Therapie Epoche gemacht hat, versucht *Foudraine* so etwas

wie »Lebens-Schule« bei seinen schwerst-gestörten Patienten: Er gibt aber nicht an, ob seine dabei erzielten Erfolge über Jahre hinweg Bestand gehabt haben. Die Möglichkeit der Gruppentherapie wird von ihm angedeutet, aber nicht näher ausgeführt. So bleibt diese hochherzige Darstellung lückenhaft. Sie bedarf vor allem einer Ergänzung, die den Erfordernissen der Praxis auf breiter Basis gerecht werden kann.

Ein Team von hauptsächlich amerikanischen Autoren hat den Versuch unternommen, die Schizophrenie von der Kommunikationswissenschaft und von der Familienforschung her neu zu bestimmen. Die Forschungsresultate sind publiziert von *Bateson, Jackson, Lidz, Wynne, Laing, Foudraine* u. a. in dem Sammelband »Schizophrenie und Familie« (Frankfurt 1969). Auch hier wieder begegnen wir neuartigen Gesichtspunkten, die Beachtung verdienen. Wir differenzieren in der Folge nicht unter den einzelnen Autoren, sondern betrachten das genannte Buch als eine »Kollektivleistung«.

Von der Kommunikation her gesehen, fällt bei den Psychosen auf, daß die sprachliche Verständigung gestört oder gar abgebrochen ist. Das ist offenbar ein zentrales Phänomen. Wir leben in und durch die Sprache; wo Kommunikation aufhört, nimmt auch das Personsein schnell ein Ende. Was fehlt nun im Sprachgebrauch des schizophrenen Patienten?

Er hat dieselben Worte und Sprachfragmente wie wir; aber es scheint, daß bei ihm jenes »höhere Kommunikationssystem« beschädigt ist, wodurch wir sprachlichen Mitteilungen ihren eindeutigen Sinn geben. Bei genauerer Beobachtung wird uns klar, daß wir immer auf zwei Ebenen sprechen: Wir sagen etwas, und wir akzentuieren gleichzeitig, wie das Ausgesagte gemeint ist (durch Ton, Geste, Mimik, Satzbau usw.). Diese zweite Ebene, in welcher Botschaften klassifiziert werden, erleichtert die Verständigung in beträchtlichem Maße. Wo sie aber abgebaut wird, kann Verstehen und Verstandenwerden zu einer sehr schwierigen Aufgabe werden. Man kann die Schizophrenie als eine Erkrankung betrachten, bei der das übliche Mitteilungssystem schlecht erworben oder verloren wurde. Daher rührt dann die Vereinsamung der Patienten, ihre Unzulänglichkeit, ihre Ichschwäche und ihre Angst. Heilung des Patienten würde dann bedeuten, daß man seine Kommunikationsmöglichkeiten wiederherstellt.

Dieser neue Ansatz hat sehr viel für sich. Er macht radikal ein Ende mit den naturwissenschaftlichen Konstruktionen, die irgendeine Hirn- und Stoffwechselanomalie zur Basis der schizophrenen Erkrankung machen. Nun erhebt sich allerdings die Frage, wie gewisse Menschen zu ihrer Sprachverwirrung kommen und was sie motiviert, in ihrer privaten Sprachwelt zu verharren.

Hier wird die Hypothese aufgestellt, daß jeder spätere Schizophrene als Kind in sehr chaotischen und gefühlsgestörten Verhältnissen aufgewachsen ist. Wichtig ist vor allem auch, daß er in einer sogenannten »Double-Bind-Beziehung« seine Kindheit verbracht hat. Darunter wird eine Kontaktaufnahme verstanden, bei der der Betroffene in irgendeiner Form »Opfer von Verhältnissen« wurde, denen er nicht entrinnen konnte. Meist hatte er dann auch ein Gegenüber (Mutter, Vater), das ihm habituell widersprüchliche Botschaften zukommen ließ. Man denke hierbei z. B. an eine Mutter, die dem Kinde verbal immer ihre Liebe beteuert, aber durch Haltung und Tonfall jede zärtliche Interaktion negiert. Das Ergebnis einer jahrelangen Einwirkung dieser Art muß nicht nur eine Kommunikationsverwirrung, sondern regelrecht auch eine Gemütsstörung sein. Das Kind wächst dann nämlich im Gefühl heran, irgendwie reagieren zu sollen, aber alle Reaktionen, die ihm möglich sind, sind falsch. Schließlich gibt es das Reagieren ganz auf und erzeugt so in sich die Grundmuster des späteren Wahns.

Der spätere Schizophrene erkrankt also an der Unwahrhaftigkeit, der Unechtheit und der Widersprüchlichkeit seiner frühkindlichen Umgebung, die durch spätere Lebensereignisse wieder reaktiviert werden kann. Aber nicht alle Kinder einer derartigen »schizophrenogenen Familie« werden krank: der spezielle Faktor, der hinzukommen muß, ist die »Ichschwäche«. Diese ist aber auch wiederum sehr stark erlebnisbedingt. Vor allem jene Kinder werden von den psychischen Mißlichkeiten ihres Milieus besonders getroffen, die in der Familie »hängenbleiben«, die nicht den Weg nach außen finden. Der zukünftige schizophrene Patient ist meist symbiotisch an jene Erziehungsperson gebunden, die ihn mit der Psychose infiziert (ohne daß diese selbst manifest psychotisch sein muß!). Dies erklärt auch die rätselhafte Tatsache, daß oft nur ein Kind einer Familie am Wahn erkrankt, wobei man in der Familie »vergeblich« nach einer Psychose-Vererbung sucht. Nur müßte man die angeblich normalen Eltern immer sehr genau psychologisch diagnostizieren — das wäre besser, als sehr fragliche »Hereditäts-Stammbäume« aufzustellen.

Die schärfere Beobachtung lehrt uns, daß alle späteren Schizophrenie-Patienten in einer Familie aufwuchsen, die nur den Namen einer Pseudo-Gemeinschaft verdient. Man läßt sich zu leicht durch die Fassade täuschen, wenn man behauptet, daß Schizophrenie auch »in geordneten Familienverhältnissen« entstehen könne. Nun kann man in Pseudo-Gemeinschaften kaum ein Gefühl für die eigene Identität entwickeln. Man gewinnt auch kein Vertrauen zu den Mitmenschen, da man alle späteren Gefühlsbeziehungen im Licht der eigenen frühkindlichen Erfahrung erlebt. Volkstümlich gesprochen: wer in der Kindheit nicht recht »angewärmt« wurde, kann ein Leben lang neben seinen Beziehungspersonen frieren und erfrieren.

Mit Recht weisen unsere Autoren den Begriff der »schizophrenogenen Mutter« in die Schranken, da hiermit allzusehr die Mütter der Patienten als Ansteckungsherd anvisiert werden. Es ist richtiger, von der »schizophrenogenen Familie« zu sprechen, denn fast immer trägt der Vater auch sein gehöriges Maß dazu bei, daß das Kind in sich selbst verfangen bleibt. Die ganze Familie scheint wie von einem Gummi-Zaun (Rubber Fence) gegen die Außenwelt abgegrenzt zu sein. Auch zwischen den einzelnen Familien-Mitgliedern gibt es einen solchen Zaun, der Spontaneität und Zuwendung zu einer komplizierten oder gar unlösbaren Aufgabe macht. Während »normale Familien« gegen ihre Umwelt mehr oder minder offen sind, versucht die »schizophrenogene Familie«, autark und autonom zu existieren. Das Kind ist hierbei seinen Erziehern weitgehend ausgeliefert und kann deren Lebensäußerungen nicht durch Vergleich mit anderen Menschen relativieren. Wenn es dann erkrankt, stabilisiert es gleichsam die psychische Ökonomie seiner Angehörigen, da es die Familienkrankheit sozusagen »auf sich nimmt«. Niemals erkrankt ein Mensch allein an einer psychogenen Störung: es ist immer eine Gruppe, die krank ist, wobei der Patient in der Opfer-Rolle stellvertretend für die anderen einspringt. Mitunter verschärft sich die Krankheit der anderen, wenn der ursprüngliche Patient etwa durch Psychotherapie gesünder oder gesund wird.

Nur wer sich hingebungsvoll in die Kommunikationsweise schizophrener Patienten einfühlen kann, findet den Zugang zu ihrer verschütteten Kontaktbereitschaft und erfährt auch die Tragödien und Verstrickungen ihrer Lebensgeschichte. Da die Psychiater bis jetzt nur wenig Geduld und Einfühlung für solche Patienten hatten, erschienen ihnen deren Mitteilungen als sinnlos, inhaltsarm und oft sogar als Wortsalat, respektive schwachsinniges Gerede. Gerade die Psychotherapie hat uns aber gelehrt, den Sinn jener Botschaften zu vernehmen, die schwerstgestörte Menschen verbal und präverbal an uns richten. Wir wissen sogar heute, *warum* der Schizophrene so geheimnisvoll und mißverständlich zu uns spricht. Er verwendet die Sprache nicht in ihrer Mitteilungsfunktion, da er ja — auf Grund seiner Kindheits- und Lebenserfahrung — Angst davor hat, verstanden zu werden. Er spricht in nur vagen Andeutungen und Anspielungen, da ihm die Sprache als Abwehr- und Verteidigungsinstrument dient. Errät man aber, was er sagen will, so befreit man ihn gleichsam aus einem selbstgemauerten Gefängnis, an dessen Gitterstäben er dauernd rüttelt, da er — wie wir alle — Sehnsucht nach echter Gemeinschaft und nach dem Verstandenwerden hat. Unsere Autoren sagen:

»Die klassischen psychiatrischen Symptome der Schizophrenie lassen sich interaktional so darstellen, daß sie auf eine Erkrankung hinweisen, deren Zentrum eine Spaltung zwischen den Botschaften des Patienten und seinen Qualifikationen dieser Botschaften bildet. Wenn jemand eine solche Spaltung zeigt, so daß seine Worte systematisch durch die Art, in der sie qualifiziert, auch negiert werden, so vermeidet er es, seine Beziehungen zu anderen Menschen zu definieren. Die vielfältigen und anscheinend unzusammenhängenden und bizarren Symptome der Schizophrenie lassen einen zentralen und ziemlich einfachen Kern erkennen. Will jemand unbedingt vermeiden, seine Beziehung zu definieren oder die Art des Verhaltens anzuzeigen, die in der Beziehung zulässig sein soll, so kann er das nur, indem er sich auf eine Art verhält, die sich als Symptom von Schizophrenie beschreiben läßt.« (loc. cit. S. 95)

In der Sprache des Alltags gesprochen: Schizophrene Patienten leiden nicht an einem Hirnschaden, nicht an einer hormonalen Störung, nicht »an den Nerven« etc. Was ihnen fehlt, ist Vertrauen, Hoffnung, Wissen um sich selbst und um den Mitmenschen. Man kann auch sagen, daß eine schizophrene Erkrankung immer nur bei *totaler innerer Vereinsamung* ausbrechen kann, wobei der Patient sehr wohl von Menschen umgeben sein mag — aber er versteht sie nicht und wird nicht von ihnen verstanden. Dies allein macht seine erschreckende und lähmende Einsamkeit aus, die lebensgeschichtlich verstehbar und daher auch therapeutisch beeinflußbar ist.

Die neuere tiefenpsychologische Erkenntnis, daß »kein Mensch eine Insel ist«, also daß der Mensch immer im Rahmen von partnerschaftlichen oder Gruppenbeziehungen verstanden werden muß, hat dazu geführt, auch für die Schizophrenie nach Hintergründen zu suchen, die über das erkrankte Individuum hinausreichen. Von der schizophrenogenen Familie sprachen wir bereits. Eine andere Hypothese besagt nun, daß nicht selten in einer Zweier-Beziehung der eine Partner den anderen unbewußt »verrückt macht«, um selbst sein psychisches Gleichgewicht bewahren zu können. Auch solche Untersuchungen wurden von unserem Forscherteam angestellt und scheinen ergiebig gewesen zu sein. Man erkennt hier, wie verfehlt es ist, wenn man etwa in einer Partnerschaft oder in einer Familie nur den »manifest Kranken« behandelt. Die ideale Lösung wird immer sein, daß man beide Mitglieder der Partnerschaft und — wenn möglich — immer auch die *Familie des Patienten behandelt.*

Wie kann man jemanden »verrückt machen«? In der Sprache von *Schultz-Hencke* würde man sagen, daß man ihn laufend sogenannten »Versuchungs- und Versagungs-Situationen« unterwerfen muß. Man lockt seine Erwartungen nach Liebe, Zuneigung und Bestätigung hervor, um sie dann kräftig zu enttäuschen. Wird dies über Jahre hinweg praktiziert (wobei der »Verrücktmacher« einem Muster folgt, das an ihm selbst in seiner Kindheit erprobt wurde!), so kann man erfolgreich sein: das schwächere Glied in der Partnerschaft oder das schwächste Glied in der Familie *gibt eines Tages nach.* Unsere Autoren vergleichen das dramatische Geschehen in solchen zwischenmenschlichen Beziehungen treffend mit der sogenannten »Gehirnwäsche«, die in diktatorischen Staaten an widerspenstigen Bürgern geübt wird. Gehirnwäsche gibt es auch in der Liebe und Ehe, in der Kindererziehung und anderswo.

Man soll natürlich niemanden beschuldigen, denn alle Eltern wollen »das Beste für ihr Kind«. Es wäre daher verfehlt, den Angehörigen solcher Patienten ein schlechtes Gewissen zu machen: sie tun — wie wir alle auch — immer das, was sie wissen und können. In gewissem Sinn können sogar alle die Manöver, die den späteren Patienten in seine Krankheit hineintreiben, als Versuche seiner Umgebung gedeutet werden, ihm zur Selbstwerdung und Selbstentfaltung zu verhelfen. Nur aus ihrer *Unkenntnis* heraus bedienen sich die Angehörigen des Kranken jener Verhaltensweisen, die ihn noch kranker machen können.

Da der Patient selbst erlebt hat, wie andere ihn verrückt machten, wird er in der Therapie nolens volens auch seinen Therapeuten verrückt zu machen versuchen — dies ist eine der großen Schwierigkeiten in der Schizophrenen-Therapie. Der Patient benimmt sich und verhält sich so, daß der Therapeut mit seinem gewöhnlichen Instrumentarium nicht durchkommt.

Jeder, der Erfahrung in diesem Bereich hat, wird zugeben, daß er stellenweise bei solchen Behandlungen selber in die Nähe eines Zusammenbruchs geriet. Daher können nur ziemlich ichstarke Menschen Psychotherapie an Schizophrenen betreiben. Es gibt auch hier Ansteckungsgefahr — wie bei den Körperkrankheiten. Hat der Therapeut aber die eigenen schizoiden und schizophrenen Bestandteile seiner Persönlichkeit ehrlich aufgearbeitet, so ist er gleichsam immun geworden: er fürchtet sich nicht davor, in sich selbst jene Ängste, Absurditäten und Abnormitäten zu erkennen, die er auch an seinem Gegenüber wahrnimmt. Erst auf dem Boden dieser *Identifikation* ist Therapie möglich.

Abschließend geben wir ein Zitat wieder, mit dem *Jan Foudraine* seinen »Überblick über die Literatur zur Ätiologie der Schizophrenie aus den Jahren 1956 bis 1960« einleitet:

»Kurz gesagt, geht die Forschung, die hier referiert werden soll, von der Hypothese aus, daß Schizophrenie durch ›schlechte Behandlung von Menschen (Kinder) durch Menschen (Eltern) entsteht‹. Unter diesem Gesichtspunkt liegt eine Form von defektem Persönlichkeitswachstum vor, die zu einem allmählichen Versagen der Fähigkeit führt, in zwischenmenschliche Beziehungen einzutreten, die wenigstens ein Minimum an Sicherheit und Befriedigung von Grundbedürfnissen garantieren würden. Dieser Teufelskreis, in dem jeder zwischenmenschliche Kontakt in das entmutigende Erlebnis des ›völligen Andersseins‹ ausläuft, bringt den Patienten dazu, seine Selbsteinschätzung unerhört niedrig anzusetzen und sich unvorstellbar einsam und isoliert zu fühlen. Schließlich ist ein Zustand erreicht, in dem das Individuum sich aus der Welt zwischenmenschlicher Beziehungen zurückzieht und seine eigene Welt zu errichten beginnt. Dieser Verlust an Beziehungen, der zu einem katastrophalen und tatsächlich totalen Zusammenbruch der Kommunikation ... führt, ist das Phänomen, das wir als Psychose bezeichnen.« (loc. cit. S. 305)

In einem geradezu genialen Jugendwerk hat *Ronald D. Laing* die philosophischen Auffassungen von Sartre auf das Problem der Schizophrenie angewendet (»Das geteilte Selbst. Eine existentielle Studie über geistige Gesundheit und Wahnsinn«. Köln 1972). *Laings* Studie zieht Parallelen zwischen Normalität und Psychose; zwischen »normal«, »schizoid« und »schizophren« müssen fließende Übergänge gesehen werden. Es gibt nichts am psychotischen Menschen, das nicht andeutungsweise in uns allen steckt: das ist der erste Grundsatz einer verstehenden Lehre von den Geisteskrankheiten.

Die Psychiatrie verfehlt oft schon im Ansatz solche Patienten, da der Arzt deren Gemütszustände verglichen mit den eigenen als »das ganz Andere« ansetzt. Aus der naturwissenschaftlichen Medizin hat man die Gepflogenheit übernommen, dem Kranken das Personsein abzusprechen. Er wird als ein Ding gesehen und behandelt. Bestenfalls nimmt man ihn als einen Organismus, der einen verborgenen Schaden aufweist. Man sollte aber im Patienten *eine Person* sehen, mit der man in Beziehung treten kann. Dann müßte allerdings aus Behandlung so etwas wie Begegnung werden; aus einer therapeutischen Subjekt-Objekt-Beziehung müßte ein Verhältnis zweier Subjekte entstehen; der Kranke müßte als Persönlichkeit Anerkennung finden.

Das ist weder in der offiziellen Psychiatrie noch in der orthodoxen Psychoanalyse der Fall. Die letztere z. B. studiert den Patienten als Libido-Automaten und zersplittert seine Person in Ich, Es, Überich usw. So wird der Mensch »objektiviert«, was aber einem Verlust seiner Subjekthaftigkeit gleichkommt. Derartige energetische, technologische und materialistische Denkmodelle, die sich in der Psychopathologie einer großen Beliebtheit erfreuen, muten Laing nicht so sehr wie Erkenntnisverfahren, als vielmehr wie Verteidigungsstrategien an. Weil man sich vor der seelischen Erkrankung beim anderen und bei sich selbst ängstigt, verklausuliert man die Krankheitserfahrung mit Ding-Metaphern. Hat man den kranken Menschen in ein Ding verwandelt, so kann man souverän und ohne Gefühlsbeteiligung mit ihm umgehen. *Laing* zitiert u. a. die Äußerung des berühmten Psychiaters *Eugen Bleuler*, der ein Standardwerk über »Dementia praecox oder die Gruppe der Schizophrenien« (1911) verfaßt hat: »Bleuler, der ein Leben lang mit schizophrenen Patienten zu tun hatte, bekennt, daß ihm diese fremder seien als die Vögel in seinem Garten!« (loc. cit. S. 33)

Da die ältere Psychiatrie etwa im Geiste *Bleulers* vorging, muß man sich fragen, ob nicht ein Großteil ihrer Befunde grundsätzlich verfälscht ist. *Laing* spricht den Verdacht aus, daß die schizophrene Erkrankung durch den Charakter der Anstalten und der in ihnen praktizierenden Psychiater Wesenszüge annahm, die nicht notwendig zu ihr gehören. Man sprach den Kranken die Eigenschaften der Abkapselung, der Absurdität, der Bizarrerie und sogar der Verblödung zu: dies war aber zumindest teilweise ein Reflex auf die Behandlung, die man ihnen angedeihen ließ. In vielen alten Krankengeschichten glauben wir die Notschreie von Patienten herauszuhören, die von den behandelnden Ärzten nicht gehört wurden.

Und vielleicht wurden viele dieser Leiden »un-einfühlbar«, weil niemand da war, der die Kraft und die Fähigkeit der Einfühlung aufbrachte. Die Psychiater beschränkten sich darauf, die Krankheit zu beschreiben und zu etikettieren. Da sie ihre Ursache nicht erklären konnten, sahen sie auch keinen Behandlungsweg und überließen sich oft dem therapeutischen Nihilismus.

Laing fordert für die Psychiatrie eine Schulung im *Verstehen*, in der Einfühlung, in der Empathie. Verstehend nehmen wir am Leben eines anderen Menschen teil, indem wir uns nicht draußenhalten, sondern teilhabende Beobachter sind. Wir interpretieren dann Gemütskrankheiten mittels der Methode der »Geisteswissenschaften« (Hermeneutik), bei der der Interpret auf Grund seiner eigenen Gefühle und Erfahrungen das fremdpersönliche Zeugnis (Dokument, Lebenslauf, geschichtliche Tatsachen) gleichsam sich aneignet. Nur in dem Maße, in dem wir uns selbst drangeben, können wir einen anderen Menschen begreifen. Dabei müssen wir ihn immer als Person respektieren; als solche ist er Mitmensch, nicht Beobachtungs-Gegenstand. Wir müssen uns in die Welt des anderen versetzen. Alle seine Gedanken und Lebensäußerungen werden nur von ihm her verständlich (nicht von unseren Vorurteilen und Schematismen her!). Laing nennt diese Haltung auch Liebe, und er ist sich bewußt, daß in diesem Bereich Lieben und Erkennen identisch sind. Eine lieblose Psychiatrie hat vielleicht mehr als ein Jahrhundert lang an den Gemütskranken »vorbeispekuliert«. So entstand der Mythos von der Unheilbarkeit der Schizophrenie. Er beruhte aber nur auf der Verständnis- und Hilflosigkeit der Psychiater, eine Tragik, die sich in unseren Tagen zum Besseren zu wenden scheint.

Laing nennt als Bedingung der Schizophrenie die sogenannte *primäre ontologische Unsicherheit*. Damit bezieht er sich auf Menschen, die nicht das Gefühl haben, real, lebendig, präsent zu sein und mit innerer Kontinuität zu leben. Sie haben eine schwache eigene Identität und sind sich auch über reale Weltverhältnisse nirgendwo so recht sicher. Ein Großteil ihres Lebens ist in Ungewißheit eingetaucht. Daraus erwachsen Angst und Abwehrmechanismen, die den Charakter dieser Menschen und die gegebenenfalls ausbrechende schizophrene Erkrankung bestimmen. Betroffen sind das Selbst- und Welterleben. Die ontologisch unsichere Person fühlt sich allgemein bedroht. Ihre Sicherheitsschwelle ist sehr niedrig: auch bei alltäglichen Vorfällen hat sie Angst, ihr Selbst zu verlieren. Daher lebt sie gewöhnlich in einem partiellen Rückzug von der Welt, den sie leicht in einen totalen verwandeln kann. Sie ängstigt sich davor, von den Umständen (was immer das sein mag) *verschlungen* zu werden. Oder solche Personen befürchten, daß die Welt in sie *eindringt*. Schließlich können sie auch die Grundstimmung aufbauen, daß sie selbst und die Welt einem Prozeß der *Versteinerung* (Petrifikation) unterliegen. Sie fühlen sich nicht als Subjekte des Handelns. Die Welt erscheint ihnen wertleer oder leer an Möglichkeiten, so daß sich ihr Ich in die Erstarrung und Leblosigkeit zurückzieht. Die Hauptgefahr, die sie hierbei zu befürchten scheinen, ist die wirkliche Interaktion mit einem Du, der sie sich nicht gewachsen fühlen, weil sie keine innere Autonomie empfinden. Je stärker ein Ich ist, um so leichter wagt es sich den Einflüssen von außen (also der Mitmenschen) preiszugeben und profitiert dabei. Das schwache Ich muß sich abschirmen und entbehrt damit der wesentlichsten Bestätigung des Selbstseins, die es gibt. Denn es ist immer der andere Mensch, der uns unser Sein durch seine Liebe und Bejahung schenkt und erhöht.

Die ontologisch unsichere Person zieht sich nicht nur von den Mitmenschen, sondern zumeist auch von ihrem Körper zurück. Sie spaltet sich auf in »Körper« und »Geist« und identifiziert sich mit dem letzteren, da dieser unabhängiger von den Weltereignissen ist. Bei jedem schizoiden Charakter und bei jeder Schizophrenie finden wir ein zutiefst gestörtes Körperverhältnis. Im »Körper zu wohnen« macht von der Welt und den Menschen abhängig. Der Ängstliche will aber schrankenlos autonom sein und zu diesem Zweck muß er sein Selbst vom Körper ablösen. Dies wirft ein helles Licht auf religiöse Praktiken wie Askese, Selbstpeinigung, Vernachlässigung des Körpers. Solche Symptome treten immer dann auf, wenn ein Mensch Angst vor der eigenen Lebendigkeit hat und sein Machtgefühl, das er an der Umwelt nicht auszuleben wagt, am eigenen Leib austobt. Der Patient, der sich aus Unsicherheit aus seinem Körper geflüchtet hat, wird noch unsicherer, weil gerade das leibliche Erleben die Quelle von Glück und Daseinsgenuß zu sein pflegt. Nur durch »Verkörperung« weiß sich das Selbst als substanziell und real. Wer aus seinem Körper davonläuft, macht sich selbst und die Welt unwirklich. Man begreift, daß erzieherische Praktiken der Sexualverdrängung, der motorischen Repression und der allgemeinen Gängelung und Dressur den Lebensimpuls an seiner Wurzel schädigen. Vor allem gelingt dann die notwendige Abgrenzung gegen die Mitmenschen nur ungenügend. Wer sich selbst nicht besitzt, fühlt sich von den anderen immer »überwältigt« und kann sich nur durch weitgehende emotionale Isolation retten. Hierzu sagt *Laing*:

»Wir schlagen darum vor, daß der schizoide Zustand, den wir beschreiben, als ein Versuch verstanden werden kann, ein Sein zu erhalten, das unsicher strukturiert ist. Wir werden später vorschlagen, daß diese erste Strukturierung des Seins in der frühen Kindheit stattfindet. Unter normalen Verhältnissen werden diese Grundelemente des Selbst (zum Beispiel Kontinuität in der Zeit, Unterscheidung zwischen Selbst und Nicht-Selbst, Phantasie und Realität) so definitiv stabil angelegt, daß man darum als gegeben annehmen kann: Auf dieser stabilen Grundlage kann in dem, was wir den ›Charakter‹ einer Person nennen, eine beträchtliche Menge an Plastizität existieren. In der schizoiden Charakterstruktur dagegen finden wir eine unsichere Grundlegung und eine kompensatorische Rigidität im Überbau.

Wenn das ganze Sein des Individuums nicht verteidigt werden kann, verlegt das Individuum seine Verteidigungslinie so lange zurück, bis es sich in eine zentrale Zitadelle zurückzieht. Es ist darauf vorbereitet, alles abzuschreiben, was es ist, nur nicht sein ›Selbst‹. Aber das tragische Paradoxon besteht darin, daß das Selbst, je mehr es auf diese Art verteidigt wird, desto mehr zerstört wird. Die sichtbar erfolgende Zerstörung und Auflösung des Selbst in schizophrene Konditionen erfolgt nicht durch äußere Angriffe des Feindes (tatsächlich oder vermutet), sondern durch die Verwüstung, die durch die inneren defensiven Manöver selbst verursacht wurde.« (loc. cit. S. 94 f.)

Die schizophrenen Patienten vollziehen in ihrem Leben etwas, was der Religionsentstehung in den Frühzeiten der Geschichte gleicht. Aus einer unerträglich gewordenen Welt treten sie die Flucht ins Irreale an, weil sie dort mehr Sicherheit und Angstfreiheit finden. Aber es ist sehr schwer, aus dem Vakuum wieder in die Welt zurückzugehen. Hat man sich einmal an den schwerelosen Zustand der *Irrealität* gewöhnt, so kommt einem die Last der irdischen Verhältnisse doppelt niederdrückend vor. Der Prunk der Phantasie läßt das reale Ich verarmen; das verarmte Ich wagt den Umweltskontakt nicht mehr; dann schlägt die Armut auf die Phantasie zurück, die nun auch noch trostlos, schmutzig, unergiebig wird. Die irreal gewordene Person ist der Wirklichkeit völlig entfremdet. Sie kann nicht mehr ein Leben der Tat, der Interaktion mit anderen, des Daseinsgenusses und der Selbstverwirklichung führen. Sie ist Patient geworden und will es unbewußt auch bleiben.

Denn infolge der eigenen inneren Leere hält man es für unmöglich, daß man anderen etwas bieten kann. Im Gegenteil: viele schizophrene Menschen glauben im Grunde, daß andere allein schon durch ihre Gegenwart Schaden erleiden müßten. Daher auch die Zurückhaltung vor jeglichem Kontakt:

»Wenn das schizoide Individuum überhaupt an etwas glaubt, dann an seine eigene zerstörerische Gewalt. Es kann nicht glauben, daß es seine eigene Leere füllen kann, ohne das, was da ist, zu nichts zu reduzieren. Es hält seine eigene Liebe und die der anderen für so zerstörerisch wie Haß. Geliebt zu werden bedroht sein Selbst; aber seine Liebe ist für jeden anderen gleichermaßen gefährlich. Seine Isolation ist nicht nur um seiner selbst willen da. Sie ist auch da aus der Sorge um andere.« (loc. cit. S. 115)

Laing bezieht sich auch auf *Sören Kierkegaard*, wenn er betont, daß der schizoide und der schizophrene Patient Menschen sind, die »verzweifelt-nicht-ich-selbst-sein-wollen«. Wie kann man existieren, wenn man sich in einer permanenten Selbstflucht befindet? Unzählige Manöver solcher Menschen, deren Gebaren die traditionelle Psychiatrie als »uneinfühlbar« beschrieben hat (und damit jeden Anspruch auf Verstehen aufgab)', haben ihren Sinn darin, die *ontologische Unsicherheit* auszudrücken, zu bemänteln und zu kompensieren. Hat man das begriffen, so wird man nicht mehr therapeutischen Nihilismus predigen, sondern neue Zugänge zum Gemüt der schwer gestörten Patienten suchen.

Wie leben Menschen mit einer umfassenden Daseinsangst? *Laing* beschreibt dies mit bewundernswürdiger Einfühlungskraft. Wer große Ängste verspürt, möchte am liebsten alles um sich kontrollieren. Am schwersten wird ihm dies aber bezüglich der Lebendigkeit der anderen fallen: wie kann man lebendige Subjekte ringsum »lahmlegen«? Am besten wäre es, sie zu versteinern, sie zu »entwirklichen«. Diese Möglichkeit besteht durch die Phantasie. Aber wer sie ergreift, kann bei der Umwelt nicht haltmachen. Die Entwicklung umfaßt notwendigerweise auch sein Selbst. So petrifiziert oder verflüchtigt der »Blick des Kranken« das ganze Sein, bis er um sich und in sich eine »kosmische Leere« fühlt. Vorbild solcher Prozesse ist das kindliche Spiel vom »Verschwindenmachen«: man kann die Hände vor die Augen tun und dabei die Erfahrung machen, daß alles »weg ist«. Der schizophrene Patient praktiziert das häufig in seiner Phantasie; zuletzt automatisiert sich dieser Vorgang, und alles Wirkliche entschwindet. Nicht ganz jedoch: ein Abglanz davon dringt via Halluzinationen und Paniken sozusagen von rückwärts ins Seelenleben ein. Einer von Laings Patienten sagte nach seiner Heilung die schönen Worte:

»Ich war gewissermaßen tot (in der Krankheit – J. R.). Ich schnitt mich von anderen Leuten ab und war in mir selbst eingesperrt. Und ich kann sehen, daß man irgendwie tot wird, wenn man das macht. Man muß in der Welt *mit* anderen Leuten leben. Wenn man das nicht tut, stirbt etwas innen. Es klingt albern. Ich verstehe es nicht ganz, aber irgend so etwas scheint zu passieren. Es ist komisch.« (loc. cit. S. 166)

Laings Buch »Das geteilte Selbst« ist ein Dokument psychiatrischer Selbstbesinnung und menschlicher Verantwortung. Hier spricht ein junger Psychotherapeut, den die Berufsroutine noch nicht müde und resignativ hat werden lassen. Es spricht aber auch ein Philosoph, der am gemütskranken Menschen die Not und Gebrechlichkeit der menschlichen Natur erahnt und verstanden hat.

Auch der Strukturalismus hat seine Positionen zum Problem der Psychose bezogen. Hierzu ist vor allem das Buch von *Michel Foucault,* »Psychologie und Geisteskrankheit« (Frankfurt 1970) zu Rate zu ziehen. Auch hier werden neuartige Gesichtspunkte zutage gefördert, die für den Psychologen und Psychotherapeuten hochinteressant sind.

Auch *Foucault* grenzt sich sehr scharf gegen die naturwissenschaftliche Krankheitsauffassung in der Psychosenlehre ab. Seelische Erkrankungen haben immer einen historischen Kontext; sie lassen sich verstehen aus dem geschichtlichen Werden des Menschengeistes und jener Probleme und Konflikte, die durch ihn heraufbeschworen werden. Bei den Körperkrankheiten ist es ganz anders. Sie haben mehr oder minder festgelegte Strukturen, die sich aus Naturkausalitäten ableiten lassen. Menschsein heißt aber (auf psychischer Ebene): durch und durch geschichtlich sein. Macht man mit dieser Konzeption Ernst, so wird man auch genötigt sein, ein historisches Verständnis psychischer Störungen anzubahnen.

Da man im 18. und 19. Jahrhundert »Natur« und »Geschichte« verwechselt hat (also den Menschen als »Naturfaktor« aufzufassen versuchte), hat sich in die damals entstehende Psychiatrie so manches materialistische und naturwissenschaftliche Vorurteil eingeschlichen. Fast überall wird versucht, die seelische Irritation einer körperlichen Erkrankung anzugleichen. Die älteren Lehrbücher der Psychiatrie legen — bis in die Gegenwart hinein — hiervon deutlich Zeugnis ab. Aber *Foucault* ist der Meinung, daß physische und psychische Pathologie strikt voneinander getrennt werden müssen. Bei der letzteren hat man es mit Störungen der Gesamtpersönlichkeit zu tun; es ist sozusagen eine andere Art von »mythologischem Denken«, wenn man Psychisch-Geistiges zu einem »Naturfaktor« degradiert — Bewußtseins- und Dingwirklichkeit sind voneinander zu trennen.

Foucault ist der Meinung, daß Krankheit im psychischen Bereich etwas ganz anderes bedeutet als in der physischen Sphäre. Eine »Geisteskrankheit« kann und soll nicht wie eine Körperkrankheit definiert werden. Denn der Körper zerfällt — trotz der ganzheitlichen Reaktion des Organismus — in isolierbare Einheiten und kann »kausalgesetzlich« beschrieben werden. In der Psyche jedoch ist in jeder Teilreaktion das ganze Seelenleben mitenthalten. Man nennt das in der Sprache der Phänomenologie die »Bedeutungseinheit aller Verhaltensweisen«, und dies besagt, daß bei einem Individuum jedes Verhalten — Traum, Alltagsleben, Denken, Fühlen, Wollen, Ausdruck, Ziele usw. — von einem einzigen und durchgehenden »Stil« durchflossen ist. Das Organische kann in der Sprache der Tatsachen dargestellt werden; das Psychische zeigt sich immer als Ausdruck sinngebender Aktivität, ist also aktive Leistung der Persönlichkeit, respektive »Stellungnahme«.

Zunächst mutet die psychische Erkrankung wie ein Negativum an. Man ist zuerst fasziniert von der Fülle von Ausfallerscheinungen, die die Krankheit darbietet. Viele ältere Theorien gingen davon aus, daß die Erkrankung einen Abbau der Persönlichkeit zeigt. Dies wird auch dadurch bestätigt, daß die komplexeren Funktionen des Geisteslebens sichtlich zurücktreten und den mehr primitiveren Platz machen. Dies wurde mit Hilfe eines Entwicklungsschematismus erklärt. So wie die normale Persönlichkeitsbildung einen Aufbau immer komplizierterer Verhaltensweisen in sich schließt, geht die Krankheit gleichsam »den Weg zurück«, so daß sie, je schlimmer sie wird, immer mehr kindliche Verhaltensmuster an den Tag bringt. Freuds Theorie der Phasen in der Libido-Entwicklung ist ebenfalls nach diesem Modell gebaut. Dadurch erscheint der Geistes- und Gemütskranke wie ein Mensch in einer zweiten Kindheit. Diese Lehre ist nicht gerade falsch, aber unzulänglich, da das normale Kind nur »von weitem« dem kranken Erwachsenen ähnelt.

Die komplizierteste Lebensaufgabe ist nach *Foucault* die Kommunikation mit dem Mitmenschen, der Dialog. Dies ist beim Gemütskranken definitionsgemäß immer beeinträchtigt. Er kehrt in irgendeiner Form seines Verhaltens zum Monolog zurück, da es ihm als »zu schwierig« erscheint, zu sprechen und dabei auch das Denken des Gegenübers in sein Sprachverhalten einzubeziehen. Man sollte daher die Geisteskrankheit im Hinblick auf das Ausweichen vor jeglicher Spielart von Dialog beschreiben. Hierzu fehlt dem Kranken das Vertrauen, die innere Sicherheit, die Kommunikationsbereitschaft. Daher entfremdet er sich auch der »Welt der Wörter«, die Verfügungsgewalt über die Dinge ermöglicht. In jene Lücken, die durch Sprachausfall entstehen, strömen unheimliche und magische Erfahrungsweisen ein: der Kranke versteht die Welt nicht mehr, d. h. er hat sich auf eine unbegreifliche (weil un-dialogische) Welt hin »entworfen«. Foucault weist vor allem auf den Verlust der mitmenschlichen Solidarität hin, von welchem aus die Struktur des Universums der Gemütskranken verstanden werden muß. Niemals handelt es sich aber um einen biologisch erklärbaren »Prozeß«. Man hat allemal mit einer »Persönlichkeit« zu tun, die ihre eigene Geschichte verkörpert und immer die Einheit ihrer Lebensäußerungen — in Gesundheit und Krankheit — darstellt. Daher hat jeder Wahn seine ganz individuelle Historie. Diese würde bagatellisiert, wenn man mit Libido-Konstruktionen das ganze Geschehen auf die Ebene eines Naturvorganges projizieren würde. Psychisches ist nicht vergleichbar einer bewußtlos verlaufenden Naturentwicklung; es ist jeweils als *Geschichtlichkeit* gegeben, also als eine Gegenwart, die sich von einer Vergangenheit ablöst und ihr damit einen Sinn verleiht. *Foucault* schließt daraus, daß die Psychopathologie echter geschichtlicher Betrachtungsweisen bedarf, um Menschliches sinngemäß zu schildern. Nicht Natur-, sondern Menschheitsgeschichte macht menschliche Normalität und Pathologie verständlich.

Freud fühlte sich zwar als Naturforscher, er war aber Archäologe und Historiker der menschlichen Existenz. Vor allem in seinen Fall-Darstellungen geht er selbst über seine enge naturwissenschaftliche Doktrin hinaus. Dabei ahnt er, daß neurotische und psychotische Erkrankungen nicht einfach »mit dem Menschen geschehen«, sondern Aktivitäten des Subjekts sind. Selbst regressive psychische Phänomene sind nicht ein passives Absinken auf frühere Entwicklungsstadien. Das Individuum *verwendet die Regression*, um sich selbst und die Welt zu verwandeln. Immer ist hierbei eine Intentionalität (Zielstrebigkeit) erkennbar. Es ist nicht ein Rückfall, sondern ein Rückgriff, und der Sinn eines solchen Verhaltens besteht immer darin, die Flucht aus der Gegenwart zu bewerkstelligen. Nur weil der Kranke aus der gegenwärtigen Situation entfliehen will, mobilisiert er Phantasien seiner Vergangenheit und zaubert gleichsam eine zweite Kindheit vor uns hin, die ihm den Anblick der Realität erspart. *Foucault* sagt: »Dieses ganze Spiel der Transformationen und Wiederholungen zeigt, daß die Vergangenheit von den Kranken nur heraufbeschworen wird, um an die Stelle der jetzigen Situation zu treten; und daß sie nur verwirklicht wird, sofern die Gegenwart entwirklicht werden soll.« (loc. cit. S. 56)

Nicht »Wiederholungszwang« und nicht »Zurückfließen der Libido« erzeugt die Krankheit; das Subjekt selbst *macht* seine Erkrankung, weil es die für unerträglich gehaltene Gegenwart *abwehren* will:

»Der Gewinn einer solchen Entwirklichung der Gegenwart in der Krankheit liegt in dem Bedürfnis des Kranken, sich dieser Gegenwart zu erwehren. Der Inhalt der Krankheit ist die Gesamtheit der Flucht- und Abwehrreaktionen, durch die der Kranke auf seine Situation antwortet; und von dieser Gegenwart, von dieser augenblicklichen Situation aus müssen die Evolutionsregressionen, die in den pathologischen Verhaltensweisen hervortreten, begriffen werden und ihren Sinn erhalten.« (loc. cit. S. 59)

Krankheit ist Abwehr einer Situation und der in ihr enthaltenen Aufgabe; das Studium der Abwehrmechanismen sollte Hauptgegenstand der Psychoanalyse sein. Und wogegen wehrt sich der Kranke am meisten? Nach *Foucault* ist dies die Angst. Man kann die ganze psychopathologische Symptomatik als Ausdruck der und Abwehr gegen die Angst beschreiben. Dabei ist es nicht leicht zu analysieren, wie sich Abwehrmechanismen und Angst zueinander verhalten: man kann ihre Beziehung als dialektisch bezeichnen, indem ein Faktor den anderen am Leben erhält:

»Die Krankheit läuft demzufolge nach Art eines circulus vitiosus ab: der Kranke schützt sich durch seine aktuellen Abwehrmechanismen gegen eine Vergangenheit, deren heimliche Gegenwart die Angst aufsteigen läßt; andererseits schützt sich das Subjekt gegen die Eventualität einer gegenwärtigen Angst dadurch, daß es auf die ehemals im Verlauf ähnlicher Situationen eingesetzten Schutzmaßnahmen rekurriert. Erwehrt sich der Kranke mit seiner Gegenwart seiner Vergangenheit, oder schützt er sich vor seiner Gegenwart mit Hilfe einer vergangenen Geschichte? Man wird sagen müssen, daß zweifellos gerade in diesem Zirkel das Wesen der pathologischen Verhaltensweisen liegt. Krank ist der Kranke, sofern die Verbindung zwischen Gegenwart und Vergangenheit nicht im Stil fortschreitender Integration stattfindet.« (loc. cit. S. 68)

Foucault möchte über die naturwissenschaftliche und die

historische Betrachtungsweise hinausgreifen und *intuitiv* die Ganzheit des fremden Seelenlebens erfassen. Man muß sich gleichsam »mit einem Sprung« ins Innere des anderen versetzen, damit man die pathologische Welt mit den Augen dessen sehen kann, der sie geschaffen hat oder doch von ihr betroffen wurde. Dabei stellt man die Grunderfahrung her, mit der ein Individuum irgendwann einmal gelernt hat, sich seiner ganz spezifischen Art von Angst zu erwehren. Aus dieser Intuition heraus deutet man Vergangenheit, Gegenwart und Zukunft des Patienten, beziehungsweise die Gesamtheit aller seiner psychischen und psychopathologischen Erscheinungsbilder. Die Wahrheit, die man dabei erfährt, ist keine objektive im Sinne der Naturwissenschaften, sondern eine »intersubjektive«. Man erkennt in diesen Bereichen nur so weit, als man auch emotional teilnimmt. Man begreift das Ganze und die Teile zugleich — man kann sich nicht von den Teilen her aufs Ganze »hinarbeiten«. Das ist in gewissem Sinn die phänomenologische Sichtweise. Nicht nur das Bewußtsein des Kranken, sondern auch sein »In-der-Welt-Sein« soll transparent werden; denn die Krankheit ist nicht nur Bewußtseinszustand, sondern auch eine *Welterfahrung*, die der *Bewußtseinsverfassung* konform ist.

Man irrt, wenn man der Meinung ist, daß der Kranke letztere nur erleidet und ihr unbewußt ausgeliefert ist. Das würden die Patienten ganz gerne glauben machen, da es ihrer geheimen Intentionalität entspricht. Aber auch dies ist schon Abwehrmechanismus. Indem der Patient eine »Organerkrankung« *mimt*, verleitet er sich selbst und den Arzt dazu, den Blick von den Problemen abzuwenden, die ihm eben als »zu schwierig« erscheinen. Dabei weiß er (sozusagen am »Saum seines Bewußtseins«), daß er die Normalwelt verlassen hat, um eine einfachere (übersichtlichere) Krankheitswelt zu strukturieren. Er gibt der Realität den Status einer »Traumwirklichkeit«, damit sie ihm nicht auf den Leib rücken kann. So schützt er sich vor ihr, nach der er sich ebensosehr sehnt wie er sie fürchtet. Allerdings muß er auch die Unkosten eines solchen Manövers tragen.

Er muß z. B. auf die Zukunft verzichten, da diese sich nur in der Realität ergeben kann. Übermächtige Vergangenheit und eine stagnierende Gegenwart bestimmen die Symptomatologie der schweren Gemütsstörungen. Die Zeit, die sonst *fließen* kann, ist zum »Zeit-Sumpf« geworden. Fast immer ist das Gewebe von Vergangenheit, Gegenwart und Zukunft, das im Normalleben die Textur des Psychischen bestimmt, auseinandergerissen. Psychopathologie ist immer auch Pathologie des Zeiterlebens. Und da der Raum von der (inneren) Zeit abhängt, wird auch dieser desorganisiert. Die Kranken haben kein Raumgefühl und keine Raumorientierung mehr: das Erleben von »Ich-hier-jetzt« ist geschwächt oder verlorengegangen. Die Umwelt wird chaotisiert. Damit wird auch der praktische Umgang mit Menschen und Dingen erheblich vermindert; man kann nicht mehr arbeiten und zusammenleben. Das ist der psychotische Realitätsverlust.

Wie sollte sich der Körper des Patienten, der für Raum- und Zeiterleben einen Fixpunkt darstellt, einer solchen Gesamterschütterung entziehen können? Die Patienten erzählen, daß ihnen der Körper als Maschine, als Kadaver, als Abfallgrube, als träge Masse erscheint. Er wird als leblos und schwer empfunden. In der Beziehung zum Körper wird die allgewaltige Beziehungsstörung der Kranken ebenfalls sichtbar. Das Verhältnis zum Körper ist eine Abwandlung der generellen Ich-Du-Beziehung: ist diese verarmt und unergiebig geworden, so hat jenes nicht die Möglichkeit, sich frei zu entfalten. Das ist die *Einsamkeit* der Gemütskranken: es fehlt ihnen die *Welt der Intersubjektivität*. Nicht getragen durch zwischenmenschliche Erfahrungen, sacken sie gleichsam auf die Stufe der »Weltlichkeit« ab und beschreiben sich selbst und ihr Innenleben mit den Begriffen der Körperlichkeit, der Schwere und Trägheit, des Verfalls und der Angst. Daher sagt *Foucault*:

»Die Krankheit ist zugleich Rückzug in die schlimmste Subjektivität und Sturz in die schlimmste Objektivität.« (loc. cit. S. 90)

Der Kranke, der verzweifelt »er selbst« sein will, muß erfahren, daß er in seiner Existenzweise überhaupt nicht »er selbst« sein kann.

Zum Abschluß steuert *Foucault* einen »kulturellen Krankheitsbegriff« an, indem er sich fragt, ob sich nicht jede Kultur in *ihren* Geisteskranken zum Ausdruck bringt. Als »krank« wird gewöhnlich bezeichnet, wer vom Durchschnitt einer bestehenden Gesellschaft abweicht. Aber da die Gesellschaften und ihre Wert-Systeme kommen und gehen, ist es sehr unterschiedlich, was einzelne Epochen für krank oder gesund halten. Daher bedarf es einer Kulturanalyse der Gemütskrankheiten.

Foucault verweist in etwas vager Weise auf allgemeinkulturelle, ökonomische und politische Gegebenheiten unserer Epoche, die seiner Meinung nach den äußersten Horizont des individuellen Wahnsinns ausmachen. Diesen »Wahn der

Welt«, der die einzelnen Psychosen konstelliert, haben andere Autoren sorgfältiger beschrieben.

Einen sehr interessanten Versuch einer Schizophrenie-Deutung auf marxistisch-daseinsanalytischer Grundlage liefert *Joseph Gabel* in seinem Werk »Ideologie und Schizophrenie — Formen der Entfremdung« (Frankfurt 1967). Der Autor ist Anhänger von *Georg Lukacs*, der die Lehre von *Karl Marx* tiefgründig neuformuliert hat. Das gemeinsame Band, welches Gabel zwischen psychopathologischen und gesellschaftspathologischen Erscheinungen sieht, ist ihm durch den Begriff der »Entfremdung« gegeben. Dieser spielt bekanntlich in den marxistischen Analysen eine zentrale Rolle. Man möge aber auch nicht vergessen, daß die schwer Gemütskranken in der französischen Sprache »les aliénés« d. h. die »Entfremdeten« genannt werden. Es ist die These von Gabel, daß es sogenanntes »falsches Bewußtsein« nicht nur in den Ideologien gibt. Auch der einzelne Patient hat ein falsches Bewußtsein, in dem er sich selbst und seine Umwelt verkennt. Sollte etwa eine Übereinstimmung zwischen ideologischen und psychopathologischen Entfremdungsformen bestehen? Sind erstere die fundamentalsten Hintergründe der letzteren? Sollte man die »Verrücktheit« des Individuums aus den »verrückten gesellschaftlichen Verhältnissen« verstehen (und umgekehrt)? Ist der Wahn, der den einzelnen betrifft, gleichsam schon in unseren ökonomischen, politischen und kulturellen Lebensbedingungen vorgezeichnet?

Mit diesen Fragen tritt *Gabel* an unser Problem heran, dem er tatsächlich sehr neue und sehr wichtige Aspekte abzugewinnen weiß. Die Psychiater haben bis jetzt fast keine Gesellschaftsanalyse betrieben; die politischen Wissenschaftler (auch die Marxisten) haben sich sehr wenig um die Schizophrenie gekümmert. Mit dem Buch von *Gabel* beginnt sich eine Wendung anzubahnen. In Zukunft werden Psychiatrie und Politikwissenschaft viel voneinander zu lernen haben. Und vielleicht bedarf unsere »schizophrene Kultur« jener Ärzte, die nicht nur Individuen, sondern auch ganze Gesellschaften behandeln und heilen können.

Bei *Marx* und *Lukacs* hat der Begriff »Ideologie« einen sehr weitläufigen Sinn, den wir hier nicht näher erörtern können. Im allgemeinen betont der Marxismus, daß unter den gegenwärtigen ökonomischen und gesellschaftlichen Konstellationen alle Menschen »in ihrer menschlichen Substanz« Schaden erleiden. Das Gesellschaftssystem erzwingt bei uns allen einen

Verlust an Menschlichkeit, also: Reduktion von Spontaneität, Freiheit, Autonomie und Selbstverwirklichung. In einer Welt umfassender Waren-Produktion wird auch der Mensch als eine Art Ware behandelt. Nicht der Urheber aller Produkte (der Mensch) ist der Herr der Welt; die von ihm erzeugten Gegenstände bemächtigen sich seiner, und in der Form des Geldes wird die Materie mächtiger als das Bewußtsein. Dieser Prozeß wird in den einschlägigen Texten auch unter dem Motto der »Verdinglichung« beschrieben. Menschliches Bewußtsein sollte dauernder Wandlung und Verwandlung unterliegen können: bei erstarrten Umweltsverhältnissen gleicht es sich aber den materiellen Bedingungen an, durch die es vergewaltigt und gefesselt wird. Es kommt auch zu rigiden Gedankensystemen, die sich sinnvoll in die gegen jede innere und äußere Entwicklung abgekapselten Strukturen der Produktion, des Eigentums, der Güterverteilung und der politischen Macht einfügen. Solche starren, lebensfremden und dogmatisch fixierten Äußerungen des Geisteslebens werden »Ideologien« genannt. Sie sind Bekundungen der Selbstentfremdung und der Verdinglichung des Bewußtseins, welches sich selbst und die Welt nicht mehr versteht. Unter den zeitgenössischen Ideologien wären z. B. der Nationalsozialismus (Rassismus, Imperialismus, nationaler Chauvinismus etc.), der Bolschewismus und der Kapitalismus zu nennen. Handelt es sich nicht hierbei — grob gesprochen — um kollektive Geisteskrankheiten? Wie will man einzelne Psychotiker heilen, wenn sich unsere Kultur als Ganzes den Kollektivwahn zweier Weltkriege und den mörderischen Terror von *Hitler, Mussolini, Franco, Salazar, Stalin*, der bürgerlichen Demokratien usw. glaubt leisten zu können? Jene armseligen Patienten, die wir in die Kliniken und Asyle bringen, sind bei weitem nicht die schlimmsten Psychotiker. Diese finden sich in Ehrengremien unserer Epoche, sind Staatenlenker und Generäle, Wirtschaftsbosse und Apparatschiks, brave Beamte und Massenmörder, die nach den Exzessen der Unmenschlichkeit im Zivilleben untertauchen und als nette Familienväter ohne Rückblick und Reue weiterleben, »als ob nichts gewesen wäre«.

Gabel nennt alle Formen der Unmenschlichkeit »undialektisch«: demnach gewinnt der Begriff *Dialektik* für ihn die Musterhaftigkeit eines gesunden, progressiven, normalen Denkens und Verhaltens. Dies muß auf der Ebene der Ideologie als auch derjenigen der Schizophrenie seine Anwendung finden.

In *Gabels* Sicht umfaßt die Dialektik die Tendenzen der Ganzheit, des Lebensprozesses, der Zeitstruktur des Lebens und Erlebens, Entwicklung, Verzicht auf Dogmatismus und einseitigen Rationalismus, Freiheit und Fortschritt. Ideologien tendieren dazu, in Wahnsysteme zu entarten, da sie Schritt für Schritt allen genannten dialektischen Kriterien zu widersprechen scheinen. Man nehme z. B. den faschistischen Rassenwahn als Ideologie: Hier wurde nicht mehr die Menschheit als Ganzes gesehen. Die arische Rasse wurde gegen alles Übrige völlig unhistorisch abgehoben. Für die Gruppe der »Untermenschen« wurde Entwicklung, Fortschritt und Freiheit prinzipiell verneint. Kritik am Rassenwahn war verboten. Das Dogma war die Vorstufe zum physischen und psychischen Terror. Tatsächlich benahmen sich die faschistischen Mörderbanden wie Wahnwitzige, die nur deshalb nicht in Kliniken interniert werden konnten, weil sie an den Hebeln der Macht saßen. Es ist allerdings erschütternd genug, daß eine derart primitive und auch offensichtlich pathologische Theorie und Praxis Millionen Menschen in ihren Bann schlagen konnte.

Wo finden sich nun Entfremdung, Verdinglichung, Mangel an Dialektik im individuellen Zustandsbild der Psychose? Gabel hat eine sehr umfangreiche Schizophrenie-Literatur verarbeitet, die eingehend auf die Forschungen von *Minkowski, Goldstein, Binswanger, Boss, v. Gebsattel, Freud, Wyrsch, Matussek, Zutt, Merleau-Ponty* etc. sich bezieht. Wir können nur einige Punkte seiner scharfsinnigen Analysen wiedergeben.

Das »verdinglichte Denken« hat etwa folgende Merkmale:

● Quantität ist dafür viel wichtiger als Qualität. Da alle Quantitäten unter den Begriff des Raumes fallen, wird das entfremdete Bewußtsein den Raum über die Zeit stellen. Es wird damit den toten Gegenständen viel eher gerecht als allem Lebendigen. Quantifizierung und Verräumlichung sind dem Leben entgegengesetzte Tendenzen. Der Denkprozeß der Entfremdung wird vom Maschinenmäßigen, Mechanischen, Leblosen angezogen. Er entwirft ein Selbst und eine Welt, worin Lebendigkeit auf das Prokrustesbett irgendeines apparativen Technizismus gespannt wird. Die morbide Phantasie *Kafkas* kann zur Veranschaulichung eines solchen Bewußtseins dienen, das allerdings im Grunde *schauerliche Realitäten* widerspiegelt.

● Das verdinglichte Denken ist »geschichtslos«. Es spaltet sich von der Lebensgeschichte seines Urhebers ab und ist daher entwurzelt. Es kann — da es nicht im Lebensgrund verankert ist — überall hin ausschweifen. Es ist kein Denken aus dem Leben und für das Leben; es verirrt sich in die weiten Räume zwischen Lüge und Wahn.

● Verdinglichtes Denken zerstückelt alles: es kann keine (lebendigen) Ganzheiten fassen. Daher zerfällt ihm das Universum in lauter Bruchstücke, die nicht zusammenpassen wollen. Sinnzusammenhänge zerbröckeln in isolierte Fakten. Die Erzählung der Welt wird — um mit Shakespeare zu reden — zu einem »Lied, von einem Idioten in den Wind geheult«.

● Das verdinglichte Denken erträgt die Subjekt-Subjekt-Beziehung nicht; alles verwandelt sich rundherum in Objekte, wobei der Denkende selbst sich schließlich als manipuliertes Objekt fremder, undurchschaubarer Mächte empfindet. Die Idee der Mitmenschlichkeit geht verloren. Der *andere* Mensch wird entweder gleichgültiger Gegenstand oder Gegenmensch, d. h. Feind und Widersacher. Angesichts eines solches Daseins-Entwurfes kann man kaum je angstfrei existieren. Das verdinglichte Denken entspringt aus der Angst und erzeugt diese auch immer aufs neue.

● Das verdinglichte Denken ist eine Karikatur von Rationalität und Abstraktion. Gesundes Rationalsein und Abstrahieren schließt sich dicht an die Sprache der Tatsachen an. Verdinglichtes Denken löst sich von der Tatsachenwelt und »flunkert ins Blaue«. Es findet keinen Zugang zur Erfahrung, von der aus jedem Denkvorgang seine Legitimität zugesprochen werden muß.

● Zur oben gekennzeichneten Geschichtslosigkeit kommt auch eine tiefgreifende Verwirrung der Zeitdimensionen hinzu. Kein kranker Mensch hat ein geordnetes Verhältnis zur Zeit. Er erlebt die Gegenwart nicht in voller Präsenz. Daher fixiert er sich entweder an seine Vergangenheit (z. B. die Depressiven und die Melancholiker) oder er lebt wünschend und hoffend in einer »uneigentlichen Zukunft«, zu deren Realisierung er überhaupt keine Veranstaltungen trifft. Die Zeit des Neurotikers und Psychotikers ist zerstückelt: sie kann darum niemals zur Basis der Ichstärke werden.

● Die Flucht aus der Subjekt-Subjekt-Beziehung führt fast immer zu Bemühungen, anstelle des Mitmenschen Objekte zu setzen oder die beunruhigende mitmenschliche Existenz in ein Objekt zu verwandeln. Das ist der tiefere Sinn aller sexuellen Perversionen, besonders aber des Sadomasochismus. Gabel bezieht sich auch auf die schönen Arbeiten v. Gebsattels, die z. B. den Fetischismus auf diese Weise gedeutet haben. Vergessen wir nicht, daß Marx der kapitalistischen Epoche den »Waren-

Fetischismus« vorwirft, nämlich Vergottung der Sachen auf Kosten der Menschen!

● *Eugen Minkowski* hat schon um 1930 die Schizophrenie in Anlehnung an das *Bergsonsche* Begriffspaar von »Intuition« und »Intellekt« zu interpretieren versucht. Intuition ist bekanntlich bei Bergson die Einfühlung ins Lebendige; Intellekt jedoch (dem eine natürliche Verständnislosigkeit für das Leben bescheinigt wird) ist eine Zuwendung zur Welt der Materie, der Mechanik und des Maschinellen. Die Intuition verblaßt immer dann, wenn der Anschluß an das Leben versäumt wird oder verlorenging. Ein erstarrendes Innenleben ist nicht mehr jener Flexibilität mächtig, die wir benötigen, um uns in fremdes Seelenleben oder ins Leben unmittelbar zu versetzen. Daher müssen wir mit dem Intellekt vieles konstruieren, was wir intuitiv ganz einfach unreflektiert »wüßten«. Man kann den ganzen Aufwand der schizophrenen Symptomatologie durchaus als eine verzweifelte Rekonstruktion der Wirklichkeit ansehen, die durch Abschwächung des eigenen Lebensimpulses (der Realitätsfunktion, wie *P. Janet* sagte) der Intuition entglitt.

Schizophrenie ist eine *Entfremdungskrankheit*, und sie kann nach Gabel nur verstanden werden, wenn man die persönliche Entfremdung auf dem Hintergrund gesellschaftlicher Entfremdungsbedingungen sieht. Der schizophrene Patient verzweifelt an seiner Umwelt, was alle möglichen subjektiven Gründe haben mag. Man muß aber auch die Frage aufwerfen, ob nicht die Welt, in der wir leben, tatsächlich »zum Verzweifeln« ist. Es gibt das geistreiche Wort von den Lebensverhältnissen, die derart beschaffen sind, daß jeder, der noch Verstand hat, ihn *darob* verlieren müßte: und wer ihn nicht verliert, hat vielleicht gar keinen. So gelangt man zu der verblüffenden These, daß die Schizophrenie-Kranken *in* den Kliniken seelisch-geistig gar nicht schlimmer dran sind als jene, die *draußen* frei herumlaufen. Eugen Bleuler gestand sogar offenherzig, er habe als junger Mensch gefühlt, daß er »in eine Nervenklinik müsse«, und er sei nicht sicher gewesen, ob auf die Seite der Ärzte oder auf die Seite der Patienten.

Der Marxismus könnte von der Psychopathologie, und die Psychopathologie könnte vom Marxismus lernen. Im Anschluß an *Lukacs* sieht *Gabel* deutlich, wie sehr auch die marxistischen Theorien der »Ideologisierung« unterworfen waren und heutzutage längst nicht mehr Instrumente der Wahrheitsforschung genannt werden dürfen. Dies erkennt man auch an den

Schwierigkeiten der Marxisten, sich in die Gedankengänge der Psychonalyse hineinzudenken. Die offizielle sowjetische Psychiatrie hat sich der Lehre *Pawlows* verschrieben, die — nach der Auffassung *Gabels* — weit weniger dialektisch (sprich: vernünftig!) ist als psychoanalytische und daseinsanalytische Konzeptionen. Marx scheint in seinen gesellschaftswissenschaftlichen Forschungen dem »individuellen Faktor« zu wenig Gewicht beigemessen zu haben; daher fehlt dem Marxismus eine tragfähige Psychologie der Persönlichkeit. *Freud* hingegen konzentrierte sich auf das Individuell-Psychologische und vernachlässigte ökonomische und politische Faktoren. Daher blieb ein Großteil der psychoanalytischen Lehre »kleinbürgerliche Ideologie«, wie das von den Marxisten mit Recht kritisiert wurde. Dies ist aber kein Grund dafür, die Trennung beider für die menschliche Emanzipation so enorm wesentlichen Gedankensysteme zu verewigen. Psychopathologie kann und soll in Gesellschaftskritik einmünden; andererseits wird jeder Versuch einer Umgestaltung der menschlichen Verhältnisse in die Gefahr des Scheiterns kommen, wenn er nicht auch die Erkenntnis der psychischen Struktur und Dynamik in seine Theorie und Praxis einbezieht.

Gabels Buch ist ein wertvoller Beitrag zur Wissenssoziologie, d. h. zum Verständnis der Wechselwirkung zwischen gesellschaftlicher Basis und geistigem Überbau, welche im menschlichen Individuum dramatisch ausgetragen wird. Man möchte allen Psychologen und Psychiatern wünschen, daß sie sich auch mit Ideologiekritik befassen; den Politikern aber wird es nur nützen, wenn sie Psychologen und Psychopathologen werden.

Wir sind am Ende unserer einleitenden Darlegungen angelangt. Dem Leser, der sich von dieser Einführung dem Text von 1963 zuwendet, wird zunächst auffallen, daß er nun vor einer Darstellung steht, die etwas schwerer lesbar ist. Sie ist »fachmännisch« abgefaßt und konnte daher nicht auf den Gebrauch von Fremdworten verzichten. Oder noch offener gesprochen: als Doktorand mußte sich der Verfasser »gelehrtenhaft« präsentieren und im »Universitätsstil« schreiben. Es hat einige Jahre strenger Selbstkritik bedurft, um diese an den Hochschulen übliche und glorifizierte »Intellektualität« wegzutrainieren. »Das Wesen der schizophrenen Reaktion« ist noch nicht frei von intellektueller Akrobatik, die der geneigte und geplagte Leser wird nachvollziehen müssen. Zur Erleichterung für den Ungeschulten habe ich ein Fremdwörterverzeichnis angefertigt, das man am Ende dieses Bandes findet. Man möge nur eifrig nachschlagen, damit man das Vokabular kennenlernt, mit dem sich die offizielle Psychiatrie im Elfenbeinturm ihrer Lebensferne verschanzt und verteidigt.

Berlin, Frühjahr 1976   Josef Rattner

Das Wesen der schizophrenen Reaktion

Vorwort

Die vorliegende Arbeit entstand als Lösung der Preisfrage der medizinischen Fakultät der Universität Zürich für das Jahr 1960/61; das Thema lautete »Wesen der schizophrenen Reaktion« und lenkte somit das Augenmerk auf jene akuten schizophrenie-ähnlichen Zustände, die im Gegensatz zur eigentlichen Schizophrenie eindeutig als situationsbedingt und psychoreaktiv erscheinen. Es lag mir daran, anhand dieses psychopathologischen Phänomens die Schizophreniefrage überhaupt aufzurollen. Gemäß meiner tiefenpsychologischen Vorschulung ging ich der Entwicklungslinie der analytischen Schizophrenieforschung nach und war bemüht, einen Einblick in die Fülle der psychologischen Gesichtspunkte zu geben, die sich seit den frühen Arbeiten von *Freud* u. a. herauskristallisiert haben. Ich legte besonderen Nachdruck auf die Lehre vom psychogenetischen Ursprung der Schizophrenie, da diese Auffassung durch die Psychotherapie an Schizophrenen in den letzten Jahrzehnten vielfache Bestätigung gefunden hat. Aus dieser Sicht heraus wurde mir die »schizophrene Reaktion« zu einem Modellfall der weniger einfühlbaren und verständlichen Schizophrenien; im Anschluß an die Gedankenwelt von *H. S. Sullivan* und vielen anderen versuchte ich eine Deutung des schizophrenen Lebens und Erlebens als eines menschlichen Versagens, das durch sehr frühe Kindheitstraumen und Überbürdung im späteren Entwicklungsgang ähnlich wie die Neurose nichts anderes zeigt als die allgemeine Gebrechlichkeit der menschlichen Natur. Die Kluft zwischen »normal« und »schizophren«, früher und auch teilweise heute noch als unüberbrückbar angesehen, scheint sich aufzulösen, wenn man Zwischenzustände wie etwa die »schizophrene Reaktion« tiefenpsychologisch sinnvoll interpretiert.

Herrn Prof. Dr. *Manfred Bleuler,* auf dessen Vorschlag meine Schrift den Hauptpreis der Medizinischen Fakultät erhielt, bin ich für wissenschaftliche Schulung und freundlich-wohlwollende Förderung äußerst verpflichtet.

Zürich, Mai 1963   Josef Rattner

I. Das Problem der Schizophrenie

Ein historischer Überblick

Die stürmische Entwicklung, welche die Psychiatrie in den letzten Jahrzehnten durchgemacht hat, läßt sich an kaum einem anderen Problem so prägnant veranschaulichen wie an demjenigen der Schizophrenie. Die Problemstellung, welche diese Krankheit bietet, wurde schon vom 19. Jahrhundert erarbeitet. So hatte *Ewald Hecker*, ein Schüler *Kahlbaums*, im Anschluß an dessen Forschungen im Jahre 1871 den Begriff der *Hebephrenie* eingeführt; *Kahlbaum* selbst beschrieb in einer 1874 erschienenen Monographie eingehend die Symptomatik der *Katatonie*, und *Mendel* schließlich formulierte im Jahre 1883 an Stelle der früheren »Monomanie« den Begriff der *Paranoia* als einer »funktionellen Psychose, die charakterisiert ist durch das primäre Auftreten von Wahnvorstellungen«.

Auf diesen und zahllosen anderen Pionierarbeiten erhebt sich das Werk *Emil Kraepelins*, dem eine Zusammenfassung dieser verschiedenartigen Symptomkomplexe unter dem Sammelnamen der *Dementia praecox* gelang. In diesem Ausdruck lag die Meinung, daß die »Verblödung« ein Hauptcharakteristikum des Krankheitsprozesses sei. Aus seiner betont naturwissenschaftlichen Sicht heraus war es für Kraepelin keine Frage, daß auch die Dementia praecox eine organische Erkrankung sei. Er hielt dafür, daß sie durch eine »Selbstvergiftung des Organismus« zustande komme, evtl. auch durch »schwere und in der Regel höchstens teilweise rückbildungsfähige Schädigungen der Hirnrinde«. Vom klinischen Standpunkt unterschied er eine hebephrene, katatone und paranoide Form, deren Wesen unverkennbar ist, da sie alle »ohne erkennbare äußere Anlässe aus inneren Ursachen entstehen ... und zum psychischen Siechtum führen«.

Auf dem Fundament der Befunde *Kraepelins* hat *Eugen Bleuler* seine monumentale Schizophrenielehre aufgebaut. Diese ist nicht nur durch einen bis zu jenem Zeitpunkt einmaligen empirischen Reichtum, sondern auch durch ihre Aufgeschlossenheit für kühne theoretische Verarbeitung gekennzeichnet. Man darf heute daran erinnern, daß das »Burghölzli« unter der Leitung *Bleulers* die erste europäische Irrenanstalt war, die die

Lehren *Sigmund Freuds* einer unbefangenen Prüfung unterzog. Die Synthese zwischen Schulpsychiatrie und Psychoanalyse, auch heute noch teilweise ein Desiderat, wurde von *Bleuler* vorurteilsfrei angebahnt.

Bleulers berühmtes Werk »*Dementia praecox oder die Gruppe der Schizophrenien*« (1911) ist heute noch das Grundbuch der Schizophrenieforschung. Es ist unmöglich, *Bleulers* Standpunkt in wenigen Worten zu charakterisieren. Auch er hält an der Vermutung eines somatischen »Prozesses« als eigentlicher Krankheitsursache fest. Er unterscheidet »Grundsymptome« und »akzessorische Symptome«. Unter den ersten figurieren die gelockerten Assoziationen, die pathologisch veränderte Affektivität und die Ambivalenz; die letzteren umfassen Sinnestäuschungen, Wahnideen, Gedächtnisstörungen, katatone Symptome usw. Das Bahnbrechende an *Bleulers* Gedankengängen lag u. a. auch darin, daß er — ungeachtet der hypothetisch-organischen Ätiologie — auf die spezielle Symptomatologie der Schizophrenen konsequent das Prinzip der tiefenpsychologischen Interpretation anwandte. Dabei ergab sich ihm, daß ein wesentlicher Teil der schizophrenen Symptome aus »gefühlsbetonten Komplexen« abgeleitet werden könne. Damit lag auch nahe, an die erstaunlichen Analogien zwischen Traum und Psychose zu denken (siehe: Dementia praecox, S. 357); von der Neurosenlehre her kam die Anregung, im psychotischen Geschehen evtl. eine »Wunsch- oder Zweckreaktion« zu sehen (ibid., S. 347); *Bleulers* theoretischer Unbefangenheit drängte sich sogar die Hypothese auf, daß eine Psychiatrie der Zukunft auch im »uneinfühlbaren« psychotischen Geschehen die psychische Ätiologie aufdecken könnte. So schreibt er: »Wir müssen aber hinzufügen, daß die Voraussetzung eines physischen Krankheitsprozesses nicht absolut notwendig ist. Es ist denkbar, daß die ganze Symptomatologie psychisch bedingt sei, und daß sie sich entwickeln könne auf leichten quantitativen Abweichungen vom Normalen; etwa wie die Anlage zu hysterischen Symptomen zwar bei manchen Menschen so groß ist, daß sie bei den gewöhnlichen Schwierigkeiten des Lebens hysterisch werden, während der Durchschnittsmensch es nur bei ganz besonderen psychischen Traumen werden kann« (Dementia praecox, S. 373).

Dieser Satz kündigt die tiefenpsychologische Forschung der Folgezeit an. Diese bestätigte in unübersehbarer Mannigfaltigkeit die Voraussage, die *Bleuler* ahnungsvoll ausgesprochen hatte: »Die Psychopathologie der Schizophrenie ist wohl eine der anziehendsten, gestattet sie doch die vielseitigsten Einblicke in das Räderwerk der kranken wie der gesunden Psyche« (Dementia praecox, S. 288). In der Tat hat die analytische Schizophrenieforschung nicht nur tiefe Einblicke in das psychotische und normale Seelenleben zutage gefördert, sondern auch wertvolle Erkenntnisse über die menschliche Natur gewonnen, deren medizinische, soziologische, pädagogische und allgemein-kulturelle Tragweite nicht überschätzt werden kann.

Freud selber hat noch vor der Jahrhundertwende sehr aufschlußreiche Beiträge zur Psychosentheorie geliefert. In seiner Arbeit »Die Abwehrneuropsychosen« aus dem Jahre 1894 gibt er eine Erklärung der halluzinatorischen Phänomene und geht dabei von der Ansicht aus, daß der Psychotiker eine unerträgliche Vorstellung abzuwehren versucht: das Ich verwirft eine peinliche oder leidvolle Vorstellung samt dem zugehörigen Affekt und gerät dadurch unter besonderen Umständen in den Zustand der halluzinatorischen Verwirrtheit. Man muß sich diesen Prozeß folgendermaßen vorstellen: »Das Ich reißt sich von der unerträglichen Vorstellung los, diese hängt aber untrennbar mit einem Stück der Realität zusammen, und indem das Ich diese Leistung vollbringt, hat es sich auch von der Realität ganz oder teilweise losgelöst. Letzteres ist nach meiner Meinung die Bedingung, unter der eigenen Vorstellungen halluzinatorische Lebhaftigkeit zuerkannt wird, und somit befindet sich die Person nach glücklich gelungener Abwehr in halluzinatorischer Verworrenheit« (Ges. Werke, Bd. 1, S. 73).

Freud fügt hier die Beobachtung an, daß der Inhalt der Psychose oft »gerade in der Hervorhebung jener Vorstellung besteht, die durch den Anlaß der Erkrankung bedroht war« (ibid). Er erinnert an die Mutter, die anstelle ihres toten Kindes ein Stück Holz in den Armen wiegt, oder an die verschmähte Braut, die ihren Bräutigam dauernd erwartet, und andere Figuren, die der Irrenanstalt ihr Gepräge geben. In diesen Auffassungen kündigt sich eine dynamische Psychosenlehre an, die — ähnlich wie die durch die naturwissenschaftliche Ära der Psychiatrie teilweise in Vergessenheit geratenen Arbeiten von *W. Griesinger* und *K. W. Ideler* — eine lebensgeschichtliche Interpretation der Psychose versucht.

Einen noch kühneren Vorstoß unternahm *Freud* in seinen »Weiteren Bemerkungen über die Abwehr-Neuropsychosen« (1896), wo er erstmals eine chronische Paranoia einer Psychoanalyse unterzieht. Es gelang ihm hierbei, die wesentlichen Motive der Wahnbildung aufzudecken, wobei vielleicht von heutigen Gesichtspunkten aus die Kritik anzubringen ist, daß die Deutung die gegenwärtige Situation der Patientin zugunsten rekonstruierter Kindheitserlebnisse allzusehr vernachlässigt. Wichtig jedoch war, daß *Freud* auch am paranoischen Geschehen die Verdrängungsmechanismen erkannte und daß er in Halluzinationen und Wahnideen nichts anderes sah als die »Wiederkehr des Verdrängten«, resp. einen Kompromiß zwischen dem Verdrängten und dem Ich, das verzweifelt Abwehrmaßnahmen gegen den Einbruch untragbarer Gedanken und Emotionen ergreift. Der psychische Mechanismus der Paranoia wird angegeben mit den Worten: »Es dürfte sich ergeben, daß auch die *Erinnerungsschwäche* der Paranoiker eine *tendenziöse*, d. h. auf Verdrängung beruhende und ihren Absichten dienende ist. Es werden nachträglich jene gar nicht pathogenen Erinnerungen verdrängt und ersetzt, die mit der Ich-Veränderung im Widerspruch stehen, welche die Symptome der Wiederkehr gebieterisch erfordern« (Ges. Werke, Bd. 1, S. 403).

Die genaue Exemplifikation dieser These wurde durchgeführt in *Freuds* Studie über die »Denkwürdigkeiten des sächsischen Senatspräsidenten Dr. jur. D. P. Schreber« aus dem Jahre 1912. Als entscheidenden Angelpunkt dieser paranoischen Erkrankung betrachtete *Freud* den Durchbruch einer latenten Homosexualität; demnach soll bei dem Kranken eine heterosexuelle Triebstauung zu einer Steigerung unbewußter homosexueller Tendenzen — aus einer pathogenen Vaterbeziehung stammend — Anlaß gegeben haben, die mit Hilfe der Paranoia abgewehrt werden sollten. So bestechend *Freuds* feinsinnige Symbolinterpretationen von Schrebers subtilem und ausgebreitetem Wahnsystem anmuten, muß doch der dogmatisch ausgesprochenen »homosexuellen Ätiologie« des paranoischen Wahnes einige Skepsis entgegengebracht werden; modernere Standpunkte legen nahe, daß sich evtl. die allgemeinen Rivalitätsregungen des Kranken des »homosexuellen Jargons« bedienen, so daß etwa die sexuelle Bildersprache (die in Schrebers Fall geradezu universell ist) auf Sachverhalte zielt, die nicht so sehr dem Sexuellen als dem Selbstbehauptungswillen zugehören.

Die Diskussion über die Psychogenese der Psychosen erhielt einen gewaltigen Auftrieb, als — nach *Freuds* frühen Versuchen — *C. G. Jung* mit seiner Arbeit »Über die Psychologie der Dementia praecox« (1907) auf den Plan trat. Aus der strengen Schule des »Burghölzli« stammend und von der Psychoanalyse enthusiasmiert, versuchte *Jung* mit der ihm eigenen Resolutheit, den gordischen Knoten der katatonen Pro-

blematik zu lösen. Es ging ihm darum, die psychischen Grund-
gesetze der Katatonie zu finden, wobei er nicht einfach bei dem
Kriterium der »Uneinfühlbarkeit« haltmachte, sondern die
aus der Normalpsychologie bekannten Zusammenhänge nach
Möglichkeit auf die Psychopathologie übertrug. Mit großer
Umsicht wies er darauf hin, daß wir infolge der eigentüm-
lichen Abschließung der Kranken viel zu wenig in sie hineinsehen; also ist es denkbar, »daß uns häufig Erregungen nur
darum unverständlich bleiben, weil wir ihre assoziativen Ursachen nicht sehen« (S. 20). Erst die Traumpsychologie hat
uns den Schlüssel zur schizophrenen Symptomatik in die Hand
gegeben. Nach *Jung* ist das Verhalten der Kranken nicht einfach »Unsinn«, sondern traumhaftes Leben und Erleben, das
durchaus im Sinne der »Traumdeutung« deutbar ist. *Freuds*
»für die Psychopathologie unendlich wichtige erste Paranoia-
analyse« wird zum Paradigma für die Psychologie der Dementia praecox überhaupt; wiewohl *Jung* die letzte Ursache der
Erkrankung in einer Stoffwechselanomalie (ein durch den pathologischen Affekt gebildetes Toxin?) vermutet, ist er doch
bestrebt, die psychologische Reduktion der Wahnideen weiter
voranzutreiben als irgend jemand vor ihm. Zu diesem Zwecke
führt er den Begriff des »Komplexes« ein, wobei sowohl die
gesunde als auch die krankhafte Persönlichkeit als ein Inbe-
griff von Komplexen gedacht wird. Wo nun unter dem Eindruck von Schreck und Gefahr der zentrale »Ichkomplex«
Schiffbruch erleidet, setzt sich nach *Jung* an dessen Stelle ein
primitiveres »Affekt-Ich«, das unter den pathologischen Voraussetzungen von sonst im Zaum gehaltenen Komplexwir-
kungen überflutet wird. So sind dann die schizophrenen Symptome »Symptomhandlungen«, hervorgegangen aus Kompro-
missen zwischen Bewußtem und Unbewußtem, ähnlich wie
die neurotischen Symptome: wüßten wir über diese mehr Be-
scheid, so wäre es ein leichtes, sich auch in die Katatonie ein-
zufühlen, da uns diese nur deshalb so befremdet, »weil wir
die Hysterie noch zu wenig kennen« (S. 55).
Jung neigt dazu, nur quantitative Unterschiede in der Reihe
gesund-neurotisch-psychotisch zu anerkennen, da er überall
nur die Auseinandersetzung mit Komplexen sieht, allerdings
mit unterschiedlichem Erfolg: indes der Gesunde nur im Traum
und in »Fehlleistungen« sich von seinen Komplexen übermann-
nen läßt, macht die Dementia praecox aus ihnen »Sekundär-
seelchen«, die bei anwachsendem Affekt (Panik) die Einheit
der Persönlichkeit zerbrechen und in Trümmer legen wie ein
Haus, das von einem Erdbeben betroffen wird. Sind einmal

dem Ichkomplex die Zügel entglitten, so toben sich verdrängte Komplexe am hellichten Tag ähnlich aus wie in den Träumen; denn im Wahn bricht die verschwiegene Innenwelt durch: »Lassen wir einen Träumenden wie einen Wachenden herumgehen und handeln, so haben wir das klinische Bild der Dementia praecox« (S. 101).

An einer 5ojährigen Schneiderin, einem Fall von paranoider Demenz, erläutert *Jung* seine Komplextheorie, wobei es ihm gelingt, die unverständlichen Äußerungen seiner Patientin im wesentlichen auf drei Komplexe zurückzuführen:

a) den Komplex der persönlichen Größe
b) den Komplex der Beeinträchtigung
c) den erotischen Komplex

Es würde zu weit führen, diese Analyse der Wahngedanken, die sich mit großer Intuition der Regeln von *Freuds* »Traumdeutung« bedient, hier wiederzugeben — es sei nur an die Schlußfolgerung erinnert, die *Jung* an den Abschluß seiner Interpretation setzt und die auf eine überraschend moderne Weise die Schizophrenie mit dem Normalleben in Beziehung bringt; so heißt es u. a.: »Die Kranke schildert uns in ihren Symptomen die Hoffnungen und Enttäuschungen ihres Lebens, ähnlich wie es ein Dichter tut, der wirklich aus innerem Drange schafft« (S. 171) ... »Die bewußte psychische Tätigkeit der Patientin beschränkt sich darauf, systematisch Wunscherfüllungen zu schaffen, gewissermaßen als Äquivalent für ein arbeits- und entbehrungsreiches Leben und für die deprimierenden Eindrücke eines verwahrlosten familiären Milieus« (S. 172). Ihre Symptomatik wird gespeist aus abgespaltenen Gedanken und Affekten, die die Neigung haben, sich »halluzinatorisch dem Bewußtsein aufzudrängen« (S. 176).

Nach diesem großartigen Auftakt hätte man wünschen mögen, daß *Jung* weiterhin seinen bewundernswerten Spürsinn in den Dienst der Schizophrenie-Forschung gestellt hätte. Leider löste sich jedoch damals seine Bindung an das »Burghölzli«, womit auch sein Interesse sich von der Psychiatrie zur psychoanalytischen Symbolforschung wandte. Aus dieser erwuchsen ihm dann seine berühmten »Wandlungen und Symbole der Libido« (1912), die — allerdings nur in Randbemerkungen — noch Grundlegendes zum Schizophrenieproblem beitragen. In diesem Buch wird die Dementia praecox als »Introversionsneurose« bezeichnet, wobei wiederum die Übersteigerung eines an sich normalen Prozesses (Introversion) als krankheitsspezifisch gilt. Ähnlich wie *Freud* denkt *Jung* hierbei an eine psychische »Regression«, die für ihn jedoch nicht auf die Sexualfunktion beschränkt bleibt: der Kranke kehrt nicht in den »Autoerotismus« (*Freud*) seiner frühen Kindheit zurück, sondern baut seine ganze »Wirklichkeitsfunktion« ab, wie dies auch der neutralere Begriff des »Autismus« (*E. Bleuler*) andeutet. Die Rückwendung der Libido erzeugt einen archaischen Anpassungsmodus, sie weckt schlafende Erinnerungen frühester Kindheitsphantasien und -erlebnisse auf und bringt Denkprozesse ans Tageslicht, die ansonsten nur in Träumen zum Ausdruck kommen. Die urtümliche Welt der Mythen scheint dann im Gegenwartsmenschen lebendig zu werden: die Schizophrenie fällt einem Wunsch- und Affektdenken anheim, welches für das archaische Menschentum die hauptsächliche Art der Weltorientierung bot. Diese Mechanismen sind in uns allen erhalten geblieben; wir übersehen sie, weil sich die »Decke des Bewußtseins« gemeinhin über sie wölbt, die durch die Dementia praecox derart durchlöchert wird, »so daß man jetzt von allen Seiten hineinsehen kann in das automatische Getriebe der unbewußten Komplexe«. Daraus folgert *Jung*: »Aus diesem nicht zufälligen Zusammentreffen dürfen wir den Schluß ziehen, daß das dem Dichter und dem Geisteskranken Gemeinsame etwas ist, das eigentlich jeder Mensch in sich trägt, nämlich eine rastlos schaffende Phantasie, welche die Härten der Wirklichkeit zu glätten ständig bemüht ist. Wer sich selber aufmerksam und schonungslos beobachtet, weiß, daß ein Wesen in ihm haust, das gern alles Schwierige und alles Fragwürdige im Leben verschleiern und zudecken möchte, um sich eine leichte und freie Bahn zu schaffen. Die Geisteskrankheit verhilft diesem Wesen zur Oberhand.«

Auch der dritte Altmeister der tiefenpsychologischen Forschung, *Alfred Adler*, hat sich eingehend mit dem Psychosenproblem auseinandergesetzt. Seine Voraussetzungen hierzu waren besonders günstig, da er sich von Anfang an auf den Boden der »Ich-Psychologie« gestellt hatte, die in der frühen Psychoanalyse noch vernachlässigt wurde. *Adlers* Hauptwerk »Über den nervösen Charakter« (1912) umfaßt in einem großen Wurf die Phänomene des gesunden und kranken Seelenlebens. Dem biologischen Substrat psychischer Erkrankungen wird mit der Annahme möglicher Organminderwertigkeiten (ausführlicher in »Studie über die Minderwertigkeit von Organen«, 1907) Rechnung getragen, wobei aber eine zwangsläufige Gebundenheit an das Organisch-Hereditäre konsequent abgelehnt wird. Nach *Adler* ist das Wesen der Psyche eine »Stellungnahme« zu den von ihr vorgefundenen Lebensbedingungen, unter denen biologische Wertigkeit, Milieu und

Kindheitseinflüsse (Erziehung etc.) als plastisches Material in den Aufbau des Seelenlebens eingehen. Die Grundtatsache des Seelenlebens ist das Minderwertigkeitsgefühl, welches der Gattung homo inhärent ist: es entspricht der verlängerten Kindheit des Menschen (und der damit verbundenen erhöhten Hilfs- und Schutzbedürftigkeit) sowie der allgemeinen prekären conditio humana, der natürlichen Schwäche des Menschen angesichts der Natur- und Menschenwelt. Das »psychische Organ« gerät frühzeitig unter den Drang, seine gefühlten Unzulänglichkeiten zu kompensieren und setzt ein »Persönlichkeitsideal« als Leitmotiv seines Strebens, worin all seine schmerzlich gefühlten Mängel antizipiert als behoben gedacht sind. Dadurch kommt nun eine »Richtung« in das Seelische, welches notwendig als strebend und handelnd gesehen werden muß: der Sinn psychischer Lebensäußerungen muß nach *Adler* aus dem Ziel entnommen werden, auf das es hinstrebt (Finalität). Die Korrektur lebensfremder Zielsetzungen kann nur erwachsen aus dem »unsterblichen Gemeinschaftsgefühl«, welches ein Erwerb der menschlichen Evolution ist und in jedem Menschenkind durch die mütterliche Liebe und Zuwendung am Anfang seines Lebens erweckt wird. Mißlichkeiten des familiären Milieus und der erzieherischen Beeinflussung drosseln u. U. früh die Entwicklung mitmenschlicher Verbundenheit: damit gerät das Seelenleben unter den pathogenen Einfluß aufgepeitschten Machtstrebens, welches in der Regel die Bande mitmenschlichen Fühlens lockert und den Realitätssinn empfindlich schwächt. Daher wird in pathologischen Befunden stets die stärkere Neigung zur »fiktiven Lebensführung« im Sinne eines »Als ob« (der Begriff stammt von *Hans Vaihinger* und hat dort eine universelle erkenntnistheoretische Bedeutung) manifest: in der seelischen Erkrankung verlegt sich nach *Adler* die Lebensbewegung auf einen »Nebenkriegsschauplatz«, erschöpft sich in der Bemühung um für das Gemeinschaftsleben nutzloser Scheinprobleme und allerlei »Arrangements«, die letztlich auf die übermenschlich und gottähnlich konzipierte »Sicherung« hin entworfen sind. Die Neurose zeigt bereits dem Kenner diese Mechanismen mit einiger Deutlichkeit; in der Psychose jedoch wird das allgemein verschwiegene realitätsfremde Persönlichkeitsideal drastisch dokumentiert, indem der Psychotiker ebenso offenherzig seinem alles überschattenden Gefühl der persönlichen Nichtigkeit wie dem kompensatorischen Größenwahn Ausdruck gibt. Das Gemeinschaftsgefühl, das schon im präpsychotischen Patienten sehr dürftig entwickelt ist, wird in der Psychose gänzlich über Bord geworfen: der Patient gibt Sprache, Logik und »common sense« auf, um sich in den Schlupfwinkel seiner Melancholie oder Dementia praecox zurückzuziehen, wo er ungestört seinem Sicherheitsbedürfnis und seinen Größenträumen nachleben kann. *Adler* bestreitet energisch, daß hereditäre Einwirkungen zureichend für die Entstehung der Psychose sind; zur fraglichen Heredität kommt immer ein persönliches Schicksal hinzu, das der strebenden und schöpferischen Individualität den Ausweg in die Psychose nahelegt. In der Annahme einer Psychogenese der Psychosen glaubt *Adler* auch an die Möglichkeit der psychotherapeutischen Behandlung, die erfolgreich sein kann, wenn es ihr durch ein Höchstmaß an Liebe und Verständnis gelingt, die vom Patienten um sich selbst gezogene Mauer der Vereinsamung zu durchbrechen und seinen Gemeinschafts- und Wirklichkeitssinn neu aufzubauen. Dies geschieht durch Abänderung seiner »verfehlten individuellen Perspektive«, welche aus tiefster Entmutigung auf ein Gottähnlichkeitsideal hinzielt, das nur in der psychotischen »Lebenslüge« realisiert werden kann. Gesamthaft gesehen betrachtet *Adler* die Psychose lediglich als den »größeren Irrtum«, als einen untauglichen Versuch der Lebensführung, in den das Individuum angesichts der als unerträglich empfundenen mitmenschlichen Anforderungen hineingeraten kann, wenn es in der Panik seinen Eigenwert nur noch unter Verleugnung der Realität aufrechterhalten zu können glaubt. Mit diesen Anschauungen hat *Adler*, wie hier nur angedeutet werden soll, viele Gesichtspunkte der Neopsychoanalyse vorweggenommen und Gedanken formuliert, von denen heute weitgehend die Psychotherapie der Psychosen getragen wird.

Wenn wir nun von der Tiefenpsychologie zur Schulpsychiatrie zurückkehren, so müssen wir feststellen, daß diese bedauerlicherweise nicht dem Vorbilde *E. Bleulers* folgte, sondern größtenteils die tiefenpsychologischen Befunde zunächst aus ihrem Gesichtskreis ausschloß. Es hat wenig Sinn, an jene Autoren zu erinnern, die dem allgemeinen Vorurteil entsprechend maßlose Angriffe gegen die Psychoanalyse richteten und damit eine Verständnislosigkeit bekundeten, die mit berechtigter wissenschaftlicher Kritik gar nichts zu tun hat. Es gereichte vor allem der deutschen Psychiatrie zu großem Schaden, daß sie der Assimilation der Tiefenpsychologie allzu hartnäckigen Widerstand entgegensetzte, wie auch andererseits die tiefenpsychologische Forschung viel gewonnen hätte, wenn sie in einem intensiveren Kontakt mit dem psychiatrischen Erfahrungsbereich (vor allem in den Nervenkliniken) gestanden hätte. So ist es schwer zu übersehen, welcher Zukunftswert den Sisyphos-Arbeiten der »deutschen Schule« (wenn dieser generalisierende Ausdruck gestattet ist) innewohnt, die abseits von der Psychoanalyse (und zumeist in Frontstellung gegen sie) verfaßt worden sind. *Karl Jaspers,* dessen »Allgemeine Psychopathologie« (1913) weithin wegweisend wurde, hatte nach einer kurzen Begeisterung die psychoanalytische Sicht in Bausch und Bogen verworfen: inwieweit seine unbeholfenen Therapieversuche und die damit verbundene Enttäuschung hieran beteiligt sind (wie etwa *H. Schultz-Hencke* vermutet), entzieht sich unserer Kenntnis. Jedenfalls führt die »Allgemeine Psychopathologie« mit großem Aufwand die »verstehende Psychologie« (*W. Dilthey*) in das psychiatrische Denken ein; sie versucht überall, verstehbare Strukturen ans Licht zu heben, bleibt aber in den entscheidenden Punkten innerhalb der Organ-Hypothese, die sie auf Kosten der lebensgeschichtlichen Faktoren u. E. überbewertet. Als Exempel für die Möglichkeiten und Grenzen einer solchen Betrachtungsweise kann *Jaspers'* berühmte Studie über »Strindberg und Van Gogh. Versuch einer pathographischen Analyse unter vergleichender Heranziehung von Swedenborg und Hölderlin« (1922) angeführt werden. Darin wird versucht, das »Verstehbare« im Lebens- und Krankheitsprozeß dieser überragenden Persönlichkeiten nachzufühlen, wobei genetische Erklärungen strikte gemieden werden, da letztlich alles auf einem unbekannten »Prozeß« beruhen soll. So schildert *Jaspers* nur im Querschnitt, den Längsschnitt des Lebens beschreibt er rein biographisch, ohne Interpretation. Im ganzen ergeben sich dann eindrückliche Lebensbilder der betreffenden Persönlichkeiten, die durch die Darstellungskunst des Autors »metaphysische Tiefe« gewinnen, aber nichts zur lebensgeschichtlichen Erklärung der Wahnbildung beisteuern wollen: daher gehen diese an sich hochinteressanten Pathographien nur wenig über die konventionellen literaturgeschichtlichen Beschreibungen hinaus und schenken der Psychiatrie höchstens die nicht zu unterschätzende Anregung, daß sie aus der Lebensgeschichte genialer Menschen weiterhin zu lernen hat. Wir fragen uns nur, ob damit das behandelte Thema ausgeschöpft wurde: gerade *Strindberg* z. B. gibt alle Hilfsmittel in die Hand, auf Grund seiner lebenslänglichen und ausführlichen Selbstdarstellungen den präpsychotischen Charakter ungemein eindrücklich darzustellen. Auch ist es bei dem großen Antifeministen mit Händen zu greifen, wie sich seine Psychose von den Kindheitserlebnissen her (»*Sohn einer Magd*« etc.) über ein unglückliches Jugend- und Erwachsenenalter mit innerer Konsequenz entwickelt hat.

Wir sind weit davon entfernt, den Reichtum phänomenologischer Betrachtungsweisen, den die deutschsprachige Literatur im zweiten und dritten Jahrzehnt unseres Jahrhunderts aufweist, in seiner Bedeutung gering zu veranschlagen; wichtige Beiträge wurden namentlich durch *J. Berze* (»Hypotonie des Bewußtseins«, »psychische Insuffizienz«), *Stransky* (»intrapsychische Ataxie«), *Störring* (»nicht gelungene Bezogenheit zur Umwelt«), *Gruhle, C. Schneider, K. Schneider* u. a. gerade für das Schizophrenieproblem geleistet. Aber es kann nicht im Plan unserer Arbeit liegen, »enzyklopädisch« auf alle Lehren und Standpunkte einzugehen; bewußt konzentrieren wir uns auf jene »Phasen und Weichenstellungen« (*Stransky*), die auf die tiefenpsychologische Psychosentherapie der Gegenwart hinführen. In diesen Rahmen gehört etwa die schöne Untersuchung von *Jakob Klaesi* »Über die Bedeutung und Entstehung der Stereotypien« (1922); der hochverdiente Autor, der im »Burghölzli« die Dauerschlafbehandlung bei Psychosen eingeführt hat, demonstriert den Sinngehalt der scheinbar sinnlosen psychotischen Stereotypien, wobei er zwingend darlegt, daß diese eine enge Verwandtschaft zu den »Symptomhandlungen« (*Freud*) besitzen, d. h. daß sie nicht einfach läppische Lebensäußerungen sind, sondern ein Anliegen des Kranken, wiewohl nur symbolisch, entstellt oder andeutungsweise, zum Ausdruck bringen wollen. *Klaesi* selbst wendet seinen Gesichtspunkt auch erfolgreich auf die Stereotypien der Sprache an, in denen er »Inhaltsreste eines Gesprechsels« findet und darauf hinweist, daß noch im unklarsten schizophrenen Geplapper die »persönliche Note« des Kranken erkennbar bleibt. Auch die Sprachstereotypien sind einem »Affekt- und Mitteilungsbedürfnis entsprungen«, und es liegt an der Geduld und Einfühlungsfähigkeit des Psychiaters, ihren Sinn zu enträtseln.

Ebenfalls zur analytischen Psychosenlehre hin führt die geistreiche Monographie von *Alfred Storch* über »Das archaisch-primitive Denken und Erleben der Schizophrenen« (1922). Der Autor, der offenbar im Bannkreis der *Jung*schen Archetypenlehre stand, zieht weitgehende Parallelen zwischen dem Seelenleben der Geisteskranken und demjenigen der Primitiven: *Freuds* »Totem und Tabu« (1913) hat solchen Analogien vielfach Vorschub geleistet, wobei nicht immer die Gefahr vermieden wurde, die primitiven Völker als eine Horde wild gewordener Neurotiker und Psychotiker hinzustellen. *Storch* umschifft geschickt die Klippen solcher leichtfertiger Verallgemeinerungen und vermag in der Tat zum ganzen Instrumentarium der schizophrenen Psyche Analoga im Geistesleben der Naturvölker anzudeuten: daraus ergibt sich ein weitläufiger Einblick in die universelle Beschaffenheit der menschlichen Natur, wobei wohl zu bedenken ist, daß der »Primitive« trotz seiner Art von »Normalität« und »Angepaßtheit« im Grunde in einer zutiefst traumatischen Situation lebt (Angst vor der Natur, stark eingeschränkte »fonction du réel«, *Janet*), die gewiß auch mit neurotischen, schizoiden oder gar quasischizophrenen Manövern beantwortet wird. Diese Mechanismen leben im Kulturmenschen unverändert weiter; *Storchs* Hypothese lautet: »Für den Aufbau seiner ›Phantasiewirklichkeit‹, die ihm die reale Welt ersetzen muß, sind dem Schizophrenen die archaisch-primitiven Denkgebilde deshalb so brauchbare Fundamente, weil sie allein die nötige Elastizität besitzen, das schwanke Gebäude seiner Gedankenwelt zu tragen, das nicht nach den starren Regeln des Verstandes, sondern nach den Bedürfnissen des Gemütes und den Launen einer spielenden Phantasiebetätigung zusammengefügt ist« (S. 34).

Weniger wichtig als die beiden obengenannten Arbeiten, aber immerhin erwähnenswert, erscheint uns die Publikation von *Paul Schilder*, »Seele und Leben — Grundsätzliches zur Psychologie der Schizophrenie und Paraphrenie, zur Psychoanalyse und zur Psychologie überhaupt« (1923). Der Autor suchte offenbar eine vermittelnde Position zwischen Psychoanalyse und allgemeiner Psychiatrie einzunehmen, bleibt aber in seinen Darlegungen im rein Phänomenologischen stecken, so daß seine Fall-Schilderungen eher farblos wirken, ein Mangel, der durch die phänomenologische Interpretationskunst kaum kompensiert wird.

Von eminenter Bedeutung für die Psychiatrie jedoch wurde *Ernst Kretschmers* »Körperbau und Charakter« (1921). Dieses Buch, das inzwischen mehr als zwanzig Auflagen erlebt hat, vereinigt in der glücklichsten Weise die Konstitutionsforschung mit einer psychologischen Typenlehre, die weit über das psychopathologische Anliegen hinausgeht. *Kretschmers* hervorragende Beobachtungsgabe sah nicht nur die den beiden großen psychiatrischen Formenkreisen des »zirkulären« und des schizophrenen Irreseins zugeordneten Konstitutionstypen, sondern deckte auch die feineren Abschattungen der schizophrenen Mentalität im Alltagsleben auf. Wie bei jeglicher

Konstitutionslehre ist wohl auch in »Körperbau und Charakter« das Biotypische auf Kosten des Psychogenen hervorgehoben: das, was *Kretschmer* schildert, ist so weitgehend biologische Reaktionsweise, daß man mit Recht den Einwand erhoben hat, das Buch hätte eigentlich den Titel »Körperbau und Temperament« erhalten sollen. Die Vorliebe für die biologische Betrachtungsweise bewirkt u. a., daß *Kretschmer* das Lebensgeschichtliche hauptsächlich als das Schicksal einer körperlichen Konstitution abhandelt: so überspringt er in den meisten seiner Fälle die Kindheitsanamnese (die für die Tiefenpsychologie entscheidend ist) und greift sofort auf den Körperbefund zurück, der ihm teilweise als universaler Schlüssel zum Seelenleben gilt. Dabei wurden sicherlich richtige Zusammenhänge gesehen, die — wenn sie den angemessenen Stellenwert erhalten würden — in einer medizinischen Psychologie kaum fehlen dürften.

Bewundernswert in erster Linie erscheint uns vor allem die Einführung des »Schizoids«, das eine Brücke zwischen gesundem und pathologischem Seelenleben schlägt, die heute nicht mehr entbehrlich ist. Damit wurde das Psychopathologische ins Normalleben hineingenommen: die von früheren Epochen so ängstlich aufrechterhaltene Kluft zwischen normal und abnorm verringerte sich bis auf einen kaum merklichen Spalt, der allerdings bei Kretschmer zwei Konstitutionsarten, nicht primär zwei Seelenzustände voneinander trennte.

Zur genaueren Umschreibung des Schizoids wurde auch die »psychästhetische Proportion« formuliert, die auf das Mischungsverhältnis von hyperaesthetischen und anaesthetischen Elementen in der schizoiden Psyche Bezug nimmt. *Kretschmers* diesbezügliche Darlegungen haben stellenweise höchsten schriftstellerischen Rang: seine Art, Lebensform und -verhalten seiner Typen zu schildern, ist mitunter unübertrefflich. Die »Uneinfühlbarkeit« der Schizophrenie verliert viel von ihrer Rätselhaftigkeit, wenn man zur Kenntnis nimmt, was *Kretschmer* schon über den Schizoiden im Bereich des Normalen äußert; man lasse sich nicht betrügen durch den Anschein von Kälte, Distanz und Empfindungslosigkeit: »Viele schizoide Menschen sind wie kalte römische Häuser, Villen, die ihre Läden vor der grellen Sonne geschlossen haben; in ihrem gedämpften Innenlicht aber werden Feste gefeiert« (»Körperbau und Charakter«, S. 169, 1959).

Von hier aus bis zur Interpretation der Schizophrenie als einer Ausgestaltung einer auch im Normalleben antreffbaren Konstitutions- und Charaktervariante ist nur ein Schritt. *Kretsch-*

mer vollzieht ihn in einer ebenso scharfsinnigen wie überlegenen Weise: »Dazu kommt eine weitere methodische Schwierigkeit. Der schizoide Mensch bietet uns, solange wir den Schlüssel nicht haben, immer nur seine psychische Oberfläche, gerade wie der schizophrene Geisteskranke auch. Deshalb sah der Kliniker in der Dementia praecox jahrelang nichts als affektive Verblödung, Verschrobenheit, Stumpfsinn, Defekt und geistige Minderwertigkeit. Erst *Bleuler* hat den Schlüssel zum schizophrenen Innenleben gefunden und damit den Zugang zu erstaunlichen Reichtümern psychologischer Erkenntnis freigemacht: vielleicht das wenigste ist erst gefördert. Denn der Schlüssel zum schizophrenen Innenleben – das ist zugleich der Schlüssel ... zu großen Teilgebieten normalen menschlichen Fühlens und Handelns« (»Körperbau und Charakter«, S. 170/171).

Der letzte Satz erinnert an *Kretschmers* bekannten Ausspruch, daß die Neurosenlehre die Psychologie des menschlichen Herzens enthält. Daher mag es nicht verwundern, daß im Rahmen solcher Überlegungen auch die schwerwiegende Frage auftaucht, ob nicht vieles an der katatonen Erstarrung »Affektkrampf« anstatt »Verblödung« sei. Wie sehr man sich in dieser Hinsicht durch das klinische Erscheinungsbild täuschen lassen kann, hat schon *E. Bleuler* an dem eindrücklichen Beispiel einer katatonischen Patientin gezeigt, die durch ihr ständiges Balancieren ein läppisch-sinnloses Verhalten darbot. Diese Patientin hatte ihren Geliebten bei einer Quadrille kennengelernt: wenn man ihre balancierenden Bewegungen wie im Tanze mitmachte, verlor sie ihre steife, mutistisch-abweisende Haltung und war wie umgewandelt, erzählte von ihrer Liebschaft und ihrer Lebensgeschichte, »so viel man wissen wollte, wie eine Gesunde« (»Dementia praecox«, S. 368). Solche Erfahrungen legen es nahe, vielleicht auch in der Schizophrenie den Prototyp menschlicher Verlassenheit zu mutmaßen, sozusagen ein maßlos übersteigertes »Nein!« zu den Bedingungen und Frustrationen dieses Lebens, dessen Widerspruch zu unseren Wünschen und Hoffnungen mitunter ins Unerträgliche wächst.

An dieser Stelle verdient auch *Kretschmers* Studie über den »Sensitiven Beziehungswahn – Ein Beitrag zur Paranoiafrage und zur psychiatrischen Charakterlehre« (1918) erwähnt zu werden. Auch diese vieldiskutierte Arbeit bringt vielseitige Anregungen, indem sie eine neue Krankheitsgruppe darstellt, »die nach Ätiologie, Symptomatik und Verlaufsform gut charakterisiert ist«. Wiewohl für den sensitiven Beziehungswahn eine »erbliche Belastung« angenommen wird, nimmt *Kretschmer* für die Entstehung der Krankheit wesentliche *psychologisch-reaktive* Ursachen an, in denen die Trias Charakter, Erlebnis und Milieu die Hauptrolle spielt. Mit psychologischer Stringenz schildert *Kretschmer*, wie der Beziehungswahn aus dem sensitiven Charakter hervorwächst. Der sensitive Mensch, der größtenteils ein Vorläufer des später formulierten »Schizoiden« ist, wird durch seine »außerordentliche Gemütsweichheit, Schwäche und zarte Verwundbarkeit auf der einen Seite und einen gewissen selbstbewußten Ehrgeiz und Eigensinn auf der anderen Seite« gekennzeichnet. Aus dieser »Ambivalenz« (*E. Bleuler*) heraus ist er nicht fähig, Erlebnisse beschämender Insuffizienz zu verarbeiten; Erschöpfung und Milieuwirkungen können die Verletzbarkeit gewaltig steigern, so daß anläßlich einer demütigenden Lage der Beziehungswahn als eine durchaus einfühlbare Kumulativwirkung entsteht. Der Wahn ist dann zumeist die Leugnung der erniedrigenden Situation, sozusagen die Antwort der sthenischen Charakterkomponente auf die tiefgreifende Aufgewühltheit des asthenischen Wesensanteils. Will man diese Art von Psychose verstehen, so muß man auf den präpsychotischen Charakter Bezug nehmen, der Quelle und Ursprung des Beziehungswahnes ist. Dem einsichtigen und einfühlsamen Betrachter erweist sich das ganze Wahngeschehen als eine Weiterführung des Lebenskampfes, so wie ihn der sensitive Charakter von Kindheit an führt, »mit anderen Mitteln«; es wird klar, daß die Persönlichkeit ihre zu kurz gekommenen Lebensansprüche in der Psychose auslebt, handle es sich um den erotischen Beziehungswahn alter Jungfern oder den Masturbantenwahn oder die habituellen Beziehungsneurosen. —

In den Jahren von 1920–1940 fließt die Quelle der analytischen Psychosenlehre nur relativ spärlich; der Grund hierfür mag darin liegen, daß *Freud* voreilig und dogmatisch seine Narzißmus-These auf die Psychosen anwandte. Die Schizophrenie wurde innerhalb dieses Konzeptes »libidomechanisch« auf eine Regression in den hypothetischen »autoerotischen« Zustand des Neugeborenen reduziert; damit galt als ausgemacht, daß diese Kranken als »übertragungsunfähig« zu betrachten seien, womit von vornherein alle psychotherapeutischen Bemühungen dem Verdikt der Aussichtslosigkeit verfielen. *Freud* hatte sich offensichtlich durch die Selbstgenügsamkeit und Abkapselung des Dementia praecox-Patienten täuschen lassen; es gelang ihm nicht, hinter die versteinerte Maske des Schizophrenen zu sehen, der — wie neuere Beobachtungen lehren — nicht nur übertragungsfähig ist, sondern geradezu jede mitmenschliche Beziehung als Übertragung erlebt. Durchbricht man die Mauer der vom Kranken errichteten Abwehrmechanismen, so wird die Arzt-Patienten-Beziehung zu einem Tummelplatz von Gefühls- und Affektübertragungen, deren Intensitäten bei weitem alles übersteigen, was man in der Neurosentherapie kennenlernen kann. Auch war es wohl eine unglückliche Formulierung, als *Freud* dem Psychotiker die Regression in die Autoerotik zuschrieb; damit wurde mit Hilfe von Libido-Metaphern postuliert, daß die Kranken so sehr in sich selbst »verliebt« seien, daß sie keine Beziehung zur Umwelt, resp. zur Realität aufbringen könnten. Sieht man jedoch genauer zu, so erkennt man, daß es mit dem Narzißmus der Kranken viel kümmerlicher bestellt ist, als es den oberflächlichen Betrachter anmuten mag. Es ist wohl eher die unsägliche Daseinsangst der Psychotiker, die sie in die Isolierung treibt, und nicht narzißtische Selbstbespiegelung, die im schizophrenen Irresein Gestalt annimmt.

Der späte *Freud* scheint diese Art von Interpretation selber revidiert zu haben. Auch zieht er die Möglichkeit der Psychosentherapie in Betracht, wenn er feststellt, daß ein »Wahrheitskern« in jedem Wahn liege und daß dessen Anerkennung von seiten des Therapeuten den Boden schaffen könne, »auf dem sich die therapeutische Arbeit entwickeln könne« (Bd. XVI, S. 54–55). Wenn dem Wahn auch die *aktuelle Wahrheit* fehlt, soll man nicht übersehen, daß seine Kraft in einem Stück *historischer* Wahrheit enthalten ist, die aus infantilen Quellen gespeist wird. Zuletzt glaubt *Freud* auch daran, daß die analytische Technik auf die »narzißtischen Neurosen« angewendet werden könnte, wenn die Ichpsychologie in geeignetem Maße ausgebaut würde. Er ist sich zwar der hierbei auftauchenden Schwierigkeiten wohl bewußt: »Es geht uns mit ihnen (d. h. mit den narzißtischen Neurosen, J. R.) immer so, daß wir nach kurzem Vordringen vor eine Mauer zu stehen kommen, die uns Halt gebietet. Unsere technischen Methoden müssen also durch andere ersetzt werden; wir wissen noch nicht, ob uns ein solcher Ersatz gelingen wird. Die narzißtischen Affektionen und die an sie anschließenden Psychosen können nur von Beobachtern enträtselt werden, die sich durch das analytische Studium der Übertragungsneurosen geschult haben. Aber Psychiater studieren keine Psychoanalyse, und wir Psychoanalytiker sehen zu wenig psychiatrische Fälle« (Bd. XI, S. 438–439).

Im Zeitpunkt, als *Freud* diesen pessimistischen Ausblick tat, begann die Psychiatrie bereits Wege einzuschlagen, die in die unmittelbare Nachbarschaft des psychoanalytischen Erfahrungsbereiches führten. Bemerkenswerterweise wurden wichtige Vorstöße in dieser Richtung von amerikanischen Psychiatern unternommen, die vielleicht gerade durch den Traditionsmangel ihres Landes den neuen Einsichten unbefangener gegenüberstanden. Als ein Beispiel für viele soll an dieser Stelle die Lehre *Adolf Meyers* angedeutet werden, die im psychiatrischen Denken der angelsächsischen Welt großen Einfluß gewann.

Adolf Meyer, ein gebürtiger Schweizer und Schüler des »Burghölzli«, schuf in seiner »Commonsense Psychiatry« (1918) auf psychologischen Fundamenten ein imponierendes Lehrgebäude, innerhalb dessen auch das Problem der Dementia praecox originell und scharfsinnig abgehandelt wurde. Gemäß seiner Neigung zu pragmatischer Forschungseinstellung versuchte *Meyer* zunächst, die psychotischen Zustände als Anpassungsfehler zu deuten, die sich beschreiben lassen unter Vermeidung »speziell erfundener Gifte und auch das Behaupten von eigens erfundenen ›Hintergrundursachen‹«. Anstatt dem Phantom degenerativer Störungen oder der Autointoxikationen nachzujagen, anstatt im Falle von Dementia praecox »autonome Nervenkrankheiten« (*Kraepelin*) zu konstruieren, wäre es sachgemäßer, die Lebensgeschichte der Patienten dynamisch zu interpretieren. Dabei kommt man nach *Meyer* zwangsläufig zur Schlußfolgerung, daß die Erkrankung einsetzt, wenn die höheren psychischen Anpassungsprozesse versagt haben und eine Desorganisation im Psychischen eintritt, in deren Verlaufe primitive Mechanismen — die auf den ersten Blick hin unsinnig und verrückt erscheinen, aber immerhin einfühlbar sein können — das Bewußtseinsfeld beherrschen. So gesehen, sind auch die katatonen und paranoiden Reaktionen einer psychobiologischen Deutung zugänglich. Wenn das normale Verhalten im Zusammenhang mit unbewältigten Konflikten zusammenbricht, entstehen gemeinhin »habit-disorders«, als deren schwerste Formen die Schizophrenien angesehen werden sollen. *Meyer* negiert das »blinde Akzeptieren anatomischer Befunde« und begnügt sich nicht mit den Hereditäts- und Infektionshypothesen der Dementia praecox; er skizziert seine Stellungnahme mit den eindrücklichen Worten: »Ich würde es vorziehen, die verantwortlichen Faktoren in prophylaktischer Bedeutung zu definieren, in Begriffen frühzeitiger Stimulierung von Trieben und Bedürfnissen ... und daraus folgender Verhaltens-Konflikte mit Auswirkungen auf das innere Gleichgewicht der Person und die Summe aller geistiger Austauscherscheinungen und aktueller Handlungen bezüglich der Fähigkeit, sich in Notlagen stabil zu erhalten.« Es erübrigt sich beinahe beizufügen, daß *Meyer* die Heilungsmöglichkeit der Schizophrenie ins Auge faßt: diese muß seiner Meinung nach in positiver Reeducation mit »habit training and readjustment« bestehen.

Parallel zu denjenigen von *Meyer* verliefen die Bestrebungen von *W. A. White:* beide Forscher schufen die Voraussetzungen für die Lehre ihres Schülers *H. S. Sullivan,* der einer der bedeutendsten Promotoren der Psychosentherapie in den USA war. Über die Anschauungen *Sullivans* und der ihm zugehörigen »Washington School of Psychiatry« (*F. Fromm-Reichmann, C. Thompson, P. Mullahy, L. Hill* u. a.) soll hier nicht eingehend berichtet werden; wir werden weiter unten noch ausführlich Gelegenheit haben, uns mit *Sullivans* »Interpersonal Psychiatry« auseinanderzusetzen, die unseres Erachtens eine der schönsten und wohldurchdachtesten Synthesen der psychiatrischen, entwicklungspsychologischen und soziologischen Forschung der letzten Jahrzehnte beinhaltet.

Wie bereits erwähnt, hatte die Psychoanalyse große Mühe, die verheißungsvollen Anfänge ihrer frühen Psychosenstudien fortzusetzen, da *Freud* selber die Überzeugung von der Therapieresistenz des Geisteskranken vertrat. Nur zögernd wagten es die Psychoanalytiker, sich über die Autorität ihres Meisters hinwegzusetzen: unter den wenigen, die für unser Thema relevant sind, muß *Paul Federn* (»Ichpsychologie und die Psychosen«, 1956) an erster Stelle genannt werden. Wir ersparen es uns, auf seine reichlich spekulativen Gedankengänge einzugehen; wir knüpfen lieber am Beitrag seiner Schülerin *Gertrud Schwing* an, die in ihrem schmalen Büchlein »Ein Weg zur Seele des Geisteskranken« (1940) mutig für die Psychosentherapie eintrat.

G. Schwing ging von folgender Annahme aus: »Auf Grund der psychoanalytischen Pathologie stellen wir uns vor, daß entscheidende seelische Bedingungen der psychotischen Erkrankung in der Kindheit, u. zw. in der Kind-Eltern-, vor allem in der Kind-Mutter-Beziehung liegen können. Meine Arbeit (mit Psychotikern, d. V.) ist wohl darum erfolgreich gewesen, weil ich — wie ich später erkannte — den Kranken instinktiv das gab, was einst in der Kind-Mutter-Beziehung gefehlt hatte: die Mütterlichkeit. Der Geisteskranke, der sich von der Realität in die frühinfantile Unbewußtheit zurückgeflüchtet hat, läßt sich, wie es scheint, durch eine mütterliche

Hand wieder in die reale Welt leiten« (S. 8).

In einer ungemein schlichten und ansprechenden Art erzählt G. *Schwing*, auf welche Weise sie mit ihren schizophrenen Patienten in Kontakt trat. Indem sie den Kranken in mütterlicher Art begegnete, erfüllte sie nach Möglichkeit deren Wunsch, wiederum Kleinkind sein zu dürfen. Dadurch ergaben sich mächtige Übertragungsregungen, die für die Therapie verwendet wurden. Die Therapeutin übernahm weitgehend die Ichfunktion für ihre Patienten: im Maße der Genesung wurde das erstarkende Ich des Kranken wieder in seiner Selbständigkeit bestätigt. Es mag nebenbei erwähnt werden, daß G. *Schwing* großen Wert auf die Familientherapie und Familienpflege legte, da sie mit *I. Hollos* (»Hinter der gelben Mauer — Von der Befreiung des Irren«, 1928) der Meinung war, daß der an der Familie erkrankte Psychotiker »durch die Familie« gesunden sollte.

Welche traumatischen Familienbedingungen wurden nun für die Konstituierung der späteren Psychose verantwortlich gemacht? Welche Traumata sollte man der psychotischen Entwicklung zugrunde legen?

Die Neurosenforschung hatte auf ihrem eigenen Gebiet bereits genügend Klarheit darüber geschaffen, daß frühkindliche Verletzungen und Frustrationen die neurotische Disposition konstellieren. In dem Augenblick, wo man in der Psychose nur ein akzentuierteres und destruktiveres »neurotisches« Geschehen zu sehen begann, lag die Annahme nahe, daß das *früher einsetzende* und das *schwerere* Trauma die präpsychotische Entwicklung einleitete. Die psychoanalytische Kinderpsychologie begann sich den frühesten Etappen des kindlichen Seelenlebens zuzuwenden und untersuchte minuziös die Beziehungen des Kleinstkindes zu seiner Umwelt (*Melanie Klein* u. a.). Der Gewinn dieser Unternehmungen war reichlicher, als man erwarten konnte: die ersten Phasen der psychischen Entwicklung, in denen man dem Säugling ein rein »animalisches« Leben zugeschrieben hatte, erwiesen sich als subtile psychische Phänomenverkettungen, deren Einfluß auf die Prägung der heranwachsenden Persönlichkeit als unabsehbar angenommen werden mußte.

Wertvolle Beiträge in diesem Bereich stammen von *D. Levy*, *René Spitz* und *John Bowlby* (wenn auch bei letzterem mit einigen Übertreibungen und Verallgemeinerungen). Bahnbrechend wurden u. a. *Spitz'* Untersuchungen über die Beziehungen von Mutter und Kind im ersten Lebensjahr (»The smiling response«, 1946; »Die Entstehung der ersten Objektbeziehungen«, 1957; »Nein und Ja — Die Ursprünge der menschlichen Kommunikation«, 1957). *Spitz,* ein persönlicher Schüler von *Freud,* stellte sich die Frage, wie weit das Kind in seinem ersten und unbewußten Lebensstadium auf Einflüsse seitens der Umgebung anspricht. Dieses Problem konnte hauptsächlich auf Grund von Beobachtungen an Kindern in Waisenhäusern und Findlingsheimen gelöst werden; an jenen Kindern, die trotz ausreichender Ernährung und Hygiene einen Mangel an Mutterliebe erlebt hatten, zeigten sich ganz typische Ausfallserscheinungen, bei denen schließlich auch experimentell als fehlender Faktor stets die *mütterliche Beziehung* festgestellt werden konnte. Bei solchen Kindern aus lieblosem Milieu findet man fast immer Entwicklungsrückstände (»Hospitalismus«): sie haben mehr Angst als Normalkinder, scheinen ständig in unlustbetonter Stimmung dahinzuleben, besser: zu vegetieren, und nicht selten tritt bereits im ersten Lebensjahr bei *affektiver Vernachlässigung* ein Riß in der Persönlichkeit auf, der sich u. U. ins spätere Leben fortsetzt.

Die Tatsache, daß solche Kinder schon frühzeitig durch Weltabgeschlossenheit, sonderlingshaftes Benehmen, Starrheit, Stereotypien etc. auffallen, hat ein helles Licht auf die mögliche Psychogenese des »Schizoids« geworfen. Die Psychoanalyse ging sogar einen Schritt weiter bis zu der Annahme, daß zahlreiche Gemüts- und Geisteskrankheiten auf solchen frühzeitigen Liebesverlust zurückgeführt werden sollen; das psychotische Krankheitsbild wurde gedeutet als ein durch innere und äußere Faktoren verursachter Rückfall auf eine frühe Entwicklungsperiode, wobei das chaotische und sinnlose Verhalten des Patienten jene Kindheitssituationen zum Ausdruck bringt, an denen er seinerzeit gescheitert ist: in der Schizophrenen-Psychologie ist demnach ein Stück der Psychologie des Säuglings enthalten, und die Therapie kann nur erfolgreich sein, wenn sie von jener *umfassenden Liebeszuwendung* getragen ist, welche das gute Mutter-Kind-Verhältnis kennzeichnet.

Die Anwendung für diese Theorie bot *M.-A. Sechehaye* mit ihrer Methode der »Symbolischen Wunscherfüllung«. In ihrer schönen Publikation, erstmals erschienen im Jahre 1947, berichtet sie von einem Fall von Schizophrenie, den sie durch eine modifizierte psychoanalytische Behandlung geheilt hat. Ihre Patientin Renée hatte in ihrer Jugend schwerste psychische Frustrationen durchgemacht. Der Mangel an Mutterliebe, gravierende traumatische Situationen schon in der Frühkindheit sowie fortlaufend in den späteren Jahren, haben nach der Meinung der Autorin die Ichentwicklung zu nur rudimentären Stadien geführt. Die anbrechende Pubertät erwies dann die völlige Unangepaßtheit an die Anforderungen des Lebens, womit der Lebenslauf der Patientin in die Psychose einmündete. *Frau Sechehaye* versuchte zunächst eine klassische Psychoanalyse, bemerkte jedoch bald deren Unzulänglichkeit und ging nach allmählichem Tasten und Versuchen dazu über, die intuitiv erahnten Wünsche und Bedürfnisse der Kranken »symbolisch zu erfüllen«. Die genauere Methodik dieses Verfahrens wird am besten in der Darstellung der Autorin nachgelesen, die übrigens durch ein sehr aufschlußreiches »Tagebuch der Kranken« aus der Behandlungszeit ergänzt wird. Die These von *Frau Sechehaye* ist, daß die schizophrene Erkrankung auf Grund einer primären Ichschwäche entsteht, die durch schlimmste Versagungen in einer Entwicklungsphase *vor* der Ichbildung konstelliert wird. Das aus solchen Frühkrisen nur sehr schwach und unvollständig hervorgehende Ich ist den Stürmen des Lebens nicht gewachsen: es zerbricht bei spezifischen Belastungen und muß in der Psychotherapie mühsam aufgebaut und nacherzogen werden. Frau *Sechehaye* verknüpft psychoanalytische Gedankengänge mit der genetischen Ichtheorie von *Piaget*. Ihre vielbeachtete Falldarstellung, die bei gesicherter Schizophreniediagnose auch eine katamnestisch verbürgte Heilung bestätigt, darf als eine Pionierleistung gewürdigt werden.

Sensationeller als der »Fall Renée« wirkte die Publikation von 37 psychotherapeutisch behandelten Schizophreniefällen von *John N. Rosen* im Jahre 1953 (»Direct Analysis«). *Rosen*, ein Schüler *P. Federns*, versuchte eine neuartige psychoanalytische Psychosentherapie, die — wie ihr Name andeutet — die psychotischen Inhalte einer direkten (Traum-) Interpretation unterwirft. Dabei wird die Geisteskrankheit betrachtet als ein verzweifelter *Rückzug* von der Realität, bei dem unwirksame Abwehrmechanismen aufgegeben werden; dieser durchläuft folgende Etappen: »Das Individuum ist zuerst neurotisch, auf einem tieferen Niveau zwangshaft-besessen, dann manisch-depressiv, dann paranoid, und erst nach diesen Stadien entwickelt sich die tiefe Psychose« (S. 4). Gelingt es der Therapie, den Patienten aus dem Labyrinth seiner Psychose zu befreien, so erfolgt der Rückweg nach *Rosen* über dieselben Etappen in umgekehrter Reihenfolge und endet in einer Neurose, die allerdings durch die psychotische Erfahrung modifiziert ist (Neoneurose!). Die Gefahr eines Rezidivs besteht vor allem dann, wenn die postpsychotische Neurose nicht durch die übliche psychoanalytische Behandlung sorgfältig abgeklärt und geheilt wird.

Woher stammt die Disposition zur Schizophrenie? Für *Rosen* ist ein Schizophrener »immer jemand, der durch eine Frau aufgezogen wurde, welche unter einer Perversion des Mutterinstinktes leidet« (S. 97). Diese »Perversion« kann alle möglichen Formen annehmen, von der »overprotectiveness« bis zum Haß des Kindes durch die Mutter. »Schizophrenie ist eine Krankheit, welche ihren Anfang nimmt irgendwo zwischen der Geburt und dem Ende der praeverbalen Periode und verursacht wird durch die Unfähigkeit der Mutter, ihr Kind zu lieben« (S. 99). Hält man sich die Tragweite der mütterlichen Liebe und Betreuung für alle Lebensfunktionen des Kleinstkindes vor Augen, so versteht man, daß aus solchem Liebesmangel beim Kind eine »Ichschwäche« resultiert, die alle spätere Entwicklung infolge des unguten Fundaments so schief geraten läßt wie den »Turm von Pisa«.

Nach *Rosen* sind alle kritischen Episoden des darauffolgenden Lebens vom frühzeitig gescheiterten Muttererlebnis beeinflußt. Genauere Erforschung des Lebenslaufes der Psychotiker enthüllt Kindheitsneurosen, die u. U. nicht allzu auffällig wurden. Pubertätskrisen lösen dann evtl. die manifeste Psychose aus oder aber auch andere traumatische Situationen; der Zusammenbruch im Psychischen erfolgt wie bei einem Gebäude, das unter Belastung steht, nämlich immer dann, wenn die Anforderungen an die Tragfähigkeit und Schwerpunktverlagerung ein gewisses Maß übersteigen.

Die Regression des Psychotikers erfolgt im wesentlichen auf die Ebene der *Oralität*, von der aus ein Großteil der schizophrenen Symptomatik interpretiert werden muß. Die Wünsche der Kranken, gleichgültig in welchen Symbolen — Verschiebungen, Verdichtungen, Umkehrungen ins Gegenteil wie in den Träumen — sie geäußert werden, zentrieren sich um die »lebensspendende Mutterbrust«, um Milch, Wärme und Leben. Ist dies der Schlüssel zur psychotischen Wunschwelt, so sind Schreck und Daseinsangst der Patienten als Nachwirkung einer »bösen Mutterbrust« zu betrachten, die dem Kinde infolge mütterlicher Lieblosigkeit unter den Aspekten der Vergiftung, Zerstörung und Versagung erschien.

Daraus läßt sich das Leitprinzip der »direkten Analyse« ableiten: der Therapeut muß als »liebender, allmächtiger Beschützer und Versorger des Patienten« fungieren, er muß zur liebreichen und ständig pflegebereiten Mutter werden, die den schauerlichen Nachhall des »bösen Bemutterns« — der immer wieder aus dem Unbewußten des Patienten aufbricht — zum Schweigen bringen kann. In der Konstanz des therapeutischen Bemühens, ungeachtet aller Negativismen des Patienten, wird ein Stück jener Verläßlichkeit und Nestwärme nachgeholt, deren Zufuhr im ersten Lebensjahr offenbar unentbehrlich für die Menschwerdung ist.

Aber »Heilung durch die Liebe« ist lediglich ein sentimentaler Begriff: schon *Esquirol* hat festgestellt, daß man dem Verrückten nur nützlich sein könne, wenn man ihn liebt. Der in seinem Alptraum und Nachtmahr befangene Patient hat sich in den Schlupfwinkel seiner Psychose zurückgezogen und ist für eine gewöhnliche Liebeszuwendung gar nicht offen und zugänglich. Hier muß die Deutungsarbeit zuerst den Weg bahnen, indem sie die Mitteilungen des Kranken — wozu Worte, Gesten, Manieren und Verhalten gehören — auf ihre verborgenen Meinungen hin »anspricht« und so den Patienten aus seiner erdrückenden Vereinsamung erlöst. Jede Übersetzung eines psychotischen Symbols oder Verhaltens in seine (auch dem Patienten unklare) Sinnhaftigkeit erhöht seinen Realitätssinn und lockert den Griff der Psychose.

Der Erfolg der Psychotherapie beginnt sich nach *Rosen* abzuzeichnen, wenn der Kranke den Therapeuten in seinen Wahn derart aufnimmt, daß dieser daran teilhaben kann. Aber dann beginnt erst der dramatische Kampf um den Kontakt, dem der Patient auf Grund seiner Lebenserfahrungen mit »allen« Instinkten« wie ein gejagtes Wild zu entrinnen sucht. Die unendliche Geduld des Therapeuten, welche die Psychoanalyse der Schizophrenen erfordert, wird dadurch auf die Probe gestellt, daß Scheinwerte und Scheinwelt der Psychose immer erst dann aufgegeben werden, wenn durch die von ihr errichteten Ummauerungen hindurch entdeckt wird, daß auch in der Realität Selbstbestätigung gefunden werden kann. Die Psychose ist so sinnvoll wie das Fieber bei einer Infektionskrankheit und erlischt erst dann, wenn die zugrundeliegende Störung behoben ist:

»Der Zweck hinter dem schizophrenen Verhalten ist, auf magische Weise jene Aspekte der Umgebung, der inneren wie der äußeren, zu kontrollieren, die der Patient nicht so ins Auge zu fassen wagt wie sie wirklich sind. Wir müssen von Anfang an erkennen, daß der Patient schizophren ist, weil er verzweifelt wünscht, es zu sein, und daß er nicht bereit ist, sich in seiner Krankheit stören zu lassen. Er wünscht schizophren zu sein, weil er etwas von seiner Umgebung nicht erhalten kann, was er in seiner Einbildung findet. Wie unadäquat auch der imaginäre Einsatz sein mag, er befriedigt ein wesentliches Bedürfnis und der Patient hängt an ihm hartnäckig« (S. 139).

Rosens therapeutische Methode, die sich als »Ichtransfusion« versteht, hat einen heroischen Charakter und gründet in einer Menschlichkeit, die schätzbar bleibt, wenn man auch dem Autor in seinem oft grobschlächtigen Sexualschematismus nicht immer folgen kann. Auch fehlt bei *Rosen* die subtilere Schilderung des schizophrenen Lebens und Erlebens: seine Anamnesen sind unvollkommen, seine Zustandsberichte dramatisierend vereinfacht. In der psychiatrischen Literatur ist darüber berichtet worden, daß bei *Rosens* »Heilungen« Rezidive eintraten: es entzieht sich unserer Kenntnis, in welchem Prozentsatz dies der Fall war. Aber ungeachtet dessen sind der »direkten Analyse« Anregungen zu danken, die man aus dem Bilde der Psychiatrie der Gegenwart nicht missen möchte.

Gaetano Benedetti, aus der Schule des »Burghölzli« hervorgegangen, hat im Anschluß an *Rosen* die analytische Therapie der Psychosen glanzvoll praktiziert und auch theoretisch begründet. In seinen Abhandlungen vereinigen sich daseinsanalytische und psychoanalytische Gesichtspunkte in vortrefflicher Weise: die Lehren von *L. Binswanger, M. Boss* u. a. werden hierbei unter einem weiten Horizont auf die Psychosen-Interpretation angewendet. Nach *Benedetti* sind die schizophrenen Strebungen und Regungen Persönlichkeitsanteile, die nicht integriert werden konnten, weil sie auf Grund einer spezifischen Lebensgeschichte keinen »tragenden mitmenschlichen Boden« fanden. Sie sind notwendig autistisch, weil sie aus der Vereinsamung erwachsen; was einst die Umwelt am späteren Kranken nicht angenommen hat, vermag er selbst zeit seines Lebens nicht zu akzeptieren: so läßt er Bruchstücke seines Wesens in einem unartikulierten seelischen Zwischenraum, von dem aus es in der Psychose in sein Bewußtsein einbricht. Was sich dann in den Halluzinationen und Wahngedanken aufdrängt, ist eine ursprüngliche, berechtigte Lebensregung, zumeist aber durch die Krankheit bis zur Unkenntlichkeit entstellt.

Von der Umwelt und vom Kranken verleugnetes Daseinsanliegen bleibt außerhalb des Ich: jeder Kulturmensch hat weite Anteile seiner Persönlichkeit aus seinem Bewußtseinsfeld abgedrängt, aber in der Psychose dominiert das Nicht-Anerkannte über das Ich, welches von ihm überflutet wird.

Daher dann das Gefühl des Ausgeliefertseins an ein »kosmisches Geschehen«: der Kranke fühlt sich als Objekt fremder Mächte, von Stimmen, Kräften und Menschen verfolgt. Die genauere Untersuchung lehrt, daß die ungelebten Lebensmöglichkeiten als Verfolger erscheinen: der Kranke fürchtet sich im Grunde vor dem eigenen abgespaltenen »Nicht-Ich«. Daß er dieses nicht zu integrieren vermochte, ist Ausgangspunkt seiner Ichschwäche und einer steten Selbstentwertung, die aus dem Wissen gespeist wird, wie sehr er an seinem Leben vorbeigelebt hat: bei jedem Schizophrenen ist vieles, was zur »Normalerfahrung des Durchschnittsmenschen« gehört, nachzuholen, d. h. er muß aus seiner Krankheit lernen, was er in seinem Leben versäumt hat. Dabei darf man sich nicht wundern, daß das Nichtanerkannte und daher Unterentwickelt-Gebliebene in abstoßenden Formen erscheint: das Aggressive, Obszöne, Absurde, welches das Oberflächen-Bild der Schizophrenie beherrschen kann, ist in der Regel nicht »wesensmäßig«; hinter dem Scham- und Sinnlosen stecken oft kindliche Nöte und Ansprüche, »hilflose Ernährungs- und Pflege- und letzten Endes kindliche Liebesansprüche«.

In therapeutischer Hinsicht geht es *Benedetti* darum, den Kranken zu veranlassen, seine Konflikte in der Partnerschaft mit dem Therapeuten auf dem Boden der Mitmenschlichkeit auszutragen. Seine diesbezüglichen Fall-Schilderungen entwerfen plastische Behandlungssituationen und sind daseinsanalytische Studien von hohem wissenschaftlichem und literarischem Rang.

Dasein als Mitsein wurde schon von *M. Heidegger* zum Grundexistential der menschlichen Existenz erhoben; *Benedetti* sagt über den »Autismus«, daß er »im Grunde genommen der Verlust jener tragenden, ortsbestimmenden, Menschen in einer Gemeinschaft verbindenden Selbstverständlichkeiten des Lebens ist, welche sich schon in der mütterlichen Zuwendung zum Kleinkind, in der Namensgebung, in der Sprache, in der Resonanz des Lächelns und Anlächelns äußern, und durch welche das Kind erst in eine Welt aufgenommen, erst eigentlich Subjekt wird« (»Analytische Psychotherapie der Psychosen«, in *Hoffs* »Lehrbuch der Psychiatrie«, S. 802).

Die Tatsache, daß so viele Menschen in diesen Autismus, welcher als sinnvolles Ergebnis eines katastrophalen Lebenslaufes gedeutet wird, versinken (*ein* Prozent der Gesamtbevölkerung wird schizophren!), verweist auf den Autismus unserer Kultur im ganzen, die voll unnötiger Härten und Lieblosigkeiten ist, an welchen dann der einzelne scheitert. So deutet sich in der Möglichkeit der schizophrenen Erkrankungen eine Pathologie unseres Gemeinschaftslebens an, die hier deutlicher als sonst entlarvt wird (siehe hierzu: *M. Siirala:* »Die Schizophrenie des Einzelnen und der Allgemeinheit«, 1961).

Die Psychogenese der Psychosen wurde schließlich noch sehr nachdrücklich vertreten durch *H. Schultz-Hencke,* der einer der Mitbegründer der »Neopsychoanalyse« ist. Dieser bedeutende Autor hat schon in »Der gehemmte Mensch« (1940) die Geisteskrankheiten (endogener Art) als Formen des gehemmten Menschseins beschrieben. Vor allem das Gebiet der Schizophrenien schien ihm für diese Betrachtungsweise geeignet. Vermutungsweise äußerte er, daß der spätere Schizophrene evtl. ein schwer gehemmtes Menschenkind sei, hinter dessen Hemmung sich eine u. U. kräftige Expansivität verberge. Sind die hemmenden Kräfte kompakt und relativ »fein gearbeitet«, dann kann trotz schwerer (innerer) Beeinträchtigung ein nach außen »unauffälliger« Lebenslauf vorliegen: sobald dann aber mit dem Erwachsenwerden zusätzliche Belastungen wie etwa Sexualität und Beruf auftreten, wird die Hemmung nicht zu den kompromißhaften neurotischen Symptomen führen, sondern bei (lebensgeschichtlich) spezifisch disponierten Menschen das Persönlichkeitsgefüge zersprengen. Die »Uneinfühlbarkeit« geht zu Lasten unserer zumeist mangelhaften Kenntnis von Vorgeschichte und Situation; bei näherem Zusehen erkennt man auch im akuten schizophrenen Geschehen das Wechselspiel von »Versuchung und Versagung«, wie bei der Neurose: am entstehenden Konflikt zwischen Gehemmtem und Hemmung erleidet das Ich Schiffbruch; die Haltungen, mit denen der Kontakt mit der Welt hergestellt wird, lösen sich in der maßlosen Erschütterung auf, wodurch der schizophrene »Weltuntergang« möglich wird. Nun kann sich das Expansive, von Hemmungen befreit, unverstellt zeigen und bildet den Inhalt des Wahnes: aggressive, sexuelle und autistische Regungen kommen in infantiler Weise zum Vorschein. Das hierbei manifestierte Chaos war schon in der präpsychotischen Persönlichkeit vorhanden: nunmehr »tobt es sich aus«. Vielleicht ist die entwickelte Psychose eine neue Form der Hemmung, ein neues Gleichgewicht, das sich zwischen Expansivität und Gehemmtheit hergestellt hat.

Es beleuchtet ein wenig die Situation der deutschen Psychiatrie, daß *Schultz-Hencke* betont, er habe diese Überzeugungen schon um 1910 gehabt: erst im Jahre 1952 jedoch wagte er es, sein großes Buch über »Das Problem der Schizophrenie« zu veröffentlichen, worin er neben weitläufigen theoretischen Erwägungen auch einen therapeutisch (erfolgreich) behandelten Fall mit Akribie und Ausführlichkeit darstellt. Wir bekennen gerne, daß die Publikationen von *Schultz-Hencke* (siehe auch sein »Lehrbuch der Psychotherapie« und sein »Lehrbuch der Traumanalyse«) u. E. zum Besten der modernen analytischen Literatur gehören; auch in der Schizophreniefrage verdient der *Schultz-Hencke*sche Standpunkt weit mehr Beachtung, als er bis jetzt gefunden hat.

Wie sehr die analytische Psychosenlehre die Diskussion über die Schizophrenie belebt hat, konnte man am *Internationalen Kongreß für Psychiatrie* (1957) in Zürich feststellen; mehr als 2500 Psychiater aus allen Ländern der Kulturwelt fanden sich zusammen, um die *Psychotherapie des Schizophrenen* zu erörtern. *M. Bleuler*, in dessen Händen die Organisation des Kongresses lag, konnte in einem großangelegten Übersichtsreferat über »Forschungen und Begriffswandlungen in der Schizophrenielehre 1941—50« (das von seinen Schülern *Benedetti*, *Kind* u. a. auf die Gegenwart weitergeführt wird) nicht weniger als 1200 Titel für die Berichtsepoche verarbeiten. Sein Gesamteindruck wurde folgendermaßen formuliert:

»Die Schizophrenielehre entfaltet neues, kraftvolles Leben. Sie wurde seit Jahrzehnten nicht mehr von derart umwälzenden neuen Vorstellungen erschüttert, wie in den letzten Jahren. Die Selbständigkeit und Verschiedenheit der zahlreichen neuen Forschungsrichtungen drohen vorübergehend jede allgemein anerkannte Grundlage, jede Gemeinsamkeit der Ansichten verschiedener Schulen und Länder zu zerreißen.« Nachdem *M. Bleuler* auf die Gefahren der babylonischen Sprachenverwirrung innerhalb einer stürmisch voranschreitenden Psychiatrie aufmerksam gemacht hat, würdigt er sorgfältig die unübersehbare Mannigfaltigkeit von neuartigen Gesichtspunkten, die er einem umfassenden Ordnungsschema einverleibt. Anschließend versucht er einen Ausblick auf die Zukunft und gelangt dabei zur Schlußfolgerung: »Es hat den Anschein, als ob die kommenden Jahre vorwiegend der Erforschung jener älteren Schizophrenieauffassungen gewidmet sein werden, welche in der Schizophrenie ganz oder hauptsächlich eine persönliche Störung der Anpassung an Lebensschwierigkeiten gesehen haben. Es wird ein großes Erlebnis sein, in einigen Jahren oder Jahrzehnten festzustellen, in welcher Art und in welchem Maße sich die Hoffnungen, die sich auf diese Arbeitshypothesen stützen, bewährt haben werden.«

II. Der Begriff der schizophrenen Reaktion

Ist die Schizophrenie hereditär und konstitutionell bedingt?
Ist sie ein lebensgeschichtliches Phänomen, das sinnvoll aus
Frustrationen und Demütigungen innerhalb des Lebenslaufes
herauswächst? Ist sie ein unfaßbares organisches Geschehen,
eine Veränderung im Metabolismus oder Blutchemismus? Ist
sie die Antwort auf ein unglückliches und unerträgliches
Schicksal?
Bevor wir im Gange unserer Untersuchungen weiterfahren,
wollen wir auch die Stimme der Dichter zu Wort kommen
lassen, die hinsichtlich unseres Themas sicherlich nicht unkom-
petent sind. Die große Dichtung der Weltliteratur hat sich
immer wieder durch das Problem der Geisteskrankheiten angezogen gefühlt: Von *Homers* Schilderung des wahnsinnig
gewordenen Ajax spannt sich der Bogen über *Dantes* »Infer-
no« bis zu *Shakespeares* Ophelia und Lear und zu *Goethes*
Gretchen im »Faust«. Die Intuition der Künstler ist oft dem
besonneneren Schritt der Wissenschaft vorausgeeilt; der
Psychopathologe wird dankbar dichterische Ahnung auch für
seine Forschungen nutzbar zu machen wissen. Hier ein Beispiel für viele:
Shakespeares unsterbliches Genie hat u. E. im »König Lear«
das Wesen der schizophrenen Reaktion mit wunderbarer Eindringlichkeit dargestellt. Der alte König, der sein Reich unter
seine drei Töchter aufteilen will, wird schon dadurch als »schizoid« charakterisiert, daß er diese Teilung davon abhängig
macht, wie sehr die Töchter ihn lieben. Hierbei fällt er der
Schönrederei von Goneril und Regan zum Opfer, verstößt jedoch voller Haß und Erbitterung die ihn wirklich liebende
Cordelia, welche sich nicht zum Lippenbekenntnis der Liebe
hergeben will. Lears Hunger nach Liebe, Achtung und Wertschätzung erfährt nun durch die undankbaren Töchter schwerste
Demütigungen, an denen sein Stolz zerbricht. Scham und Reue
über sein ungerechtes Verhalten gegenüber Cordelia martern
das Gewissen des Königs; die Grenze seiner psychischen
Tragfähigkeit wird erreicht, nachdem ihm Regan und Goneril
die Unterkunft verweigern und er nun völlig »heimatlos« geworden ist. Sinnvollerweise hat der Dichter den darauffolgen-

den Seelenzustand des Königs, der in der Landschaft herumirrt, mit der Darstellung eines Gewitters angedeutet, dessen Gewalten an den (schizophrenen) Weltuntergang gemahnen. Der Aufruhr in Lears eigener Brust wird in die zügellos gewordene Natur projiziert; sein Geist beginnt sich zu verwirren — aus der Nacht dieses Sturmes wird er nicht mehr zur Klarheit zurückkehren. Nur die Rückkehr Cordelias, die ihm verzeiht, scheint für Augenblicke seinen verwirrten Verstand zu klären; als aber diese vor seinen Augen meuchlings gemordet wird, taucht Lear in die Welt des Wahnes ein, in der er den grausigen Gang der Ereignisse nicht mehr anerkennt. So endet sein schizoider Lebenslauf in der Umnachtung, nachdem sein hochgespanntes Liebesbedürfnis, vermutlich durch das Alter noch gesteigert, keine Erfüllung fand: er scheitert an einem Schicksal, das in seinem Gemüt selbst verankert ist und welches ihn das Leben mit jenem tragischen Akzent empfinden läßt, der in den Worten des Grafen Gloster anklingt:

> »Was bösen Buben die Fliegen sind,
> das ist der Mensch den Göttern:
> Sie töten uns zum Spaß.«

Wie wir bereits ausführlich dargestellt haben, ist die psychiatrische Forschung der letzten Jahrzehnte mehr und mehr von der *Kraepelin*schen Lehre abgerückt, die in der Schizophrenie einen vom Psychogenen her völlig unbeeinflußten und auch unbeeinflußbaren »Prozeß« sah. Schon bald nach seiner Einführung bot das Bild der Dementia praecox Paradoxien und Widersprüche, welche die Enge des vorgesehenen Konzeptes zu sprengen drohten. *E. Bleulers* vorsichtige Formulierung der »*Gruppe* der Schizophrenien« war aus dem Bedürfnis geschaffen worden, die Vielgestaltigkeit der Krankheit keinem einseitigen Schematismus zu opfern. Auch andere Forscher bemühten sich darum, in die grobe Skizze der Dementia praecox feinere Nuancen einzutragen, die der großen Verschiedenartigkeit der individuell geprägten Krankheitsbilder gerecht werden konnten.

Vor allem die Beachtung der unterschiedlichen Erkrankungsbedingungen und Krankheitsverläufe legte es nahe, Unterformen der Schizophrenie zu schaffen, in denen dem offenkundigen Moment der »Psychoreaktivität« Rechnung getragen werden konnte. Unbefangene Beobachter konnten sich dem Eindruck nicht entziehen, daß schizophrene Zustandsbilder mitunter in einem derart bindenden Zusammenhang mit Erlebnisfolgen und Lebenssituationen auftauchen, daß sich die

Annahme einer autonomen Prozeßhaftigkeit als äußerst fragwürdig erübrigt. Damit wurde die Einführung von Begriffen notwendig, die in den Umkreis der »psychogenen Schizophrenie« fallen: in den Publikationen ist zumeist der Ausdruck »schizophrene Reaktion« anzutreffen. Diese fällt größtenteils unter die Definition, die das »Lehrbuch« von *E.* und *M. Bleuler* gibt: »Unter psychoreaktiven Störungen oder krankhaften Reaktionen versteht man in der Psychiatrie Erkrankungen, die durch die psychische Verarbeitung eines psychischen Erlebens zustande kommen. Allerdings kann es auch vorkommen, daß sie durch körperliche Einwirkungen mitverursacht werden ... (So kann schon eine körperliche Krankheit Anlaß zu einer psycho-reaktiven Störung setzen, weil sie psychisch erlebt wird)« (8. Aufl., S. 342).

Als einer der ersten Autoren, die die Diskussion um eine »reaktive Schizophrenie« entfachten, sei hier *Maurycy Bornstein* (»Über einen eigenartigen Typus der psychischen Spaltung — Schizothymia reactiva —«; Zschr. f. d. ges. Neur. u. Psych., Bd. 36, 1917) erwähnt, der den Begriff der »Schizothymia acuta reactiva circumscripta« prägte. In seiner umfangreichen Abhandlung verweist *Bornstein* darauf, daß der von ihm geschilderte Krankheitstypus zustande komme, indem ein einziger, vorwiegend mit einem wirklichen Erlebnis verbundener Komplex sich von der gesamten Psychik abspaltet: als Reaktion darauf tritt die Erkrankung ein. In ihrem klinischen Bilde dominieren erträumte Verwirklichungen des im Komplex enthaltenen, im Leben aber unbefriedigten und unerfüllt gebliebenen Verlangens. *Bornstein* schreibt: »Dieser Typus von Persönlichkeitsspaltung weist weder Assoziationsstörungen, tiefgreifendere Affektivitätsänderungen, Verfolgungsideen noch Halluzinationen auf; trotzdem hinterläßt er eine andauernde Umwandlung der Persönlichkeit, wobei gleichzeitig eine allgemeine Besserung im praktischen Lebenssinne möglich ist und sehr häufig vorkommt« (S. 145).

Als wichtigstes diagnostisches Kriterium gilt vor allem der »faßbare Zusammenhang mit dem krankheitsverursachenden Erlebnis«, der die *Freud*sche Hypothese der »Flucht in die Psychose« aufdrängt. Die Krankheit muß als zweckmäßig erscheinen: ihr kompensatorischer Charakter ist so auffällig, daß er nicht übersehen werden kann. *Bornstein* kann nicht mit völliger Klarheit angeben, welchen Veränderungen die Patienten nach Ablauf des akuten Geschehens unterliegen: er weist darauf hin, daß die wahnhaften Motive etwa in jenem Maße zurücktreten, wie es *Kretschmer* (später) für seinen »sensitiven Beziehungswahn« und *Friedmann* für seine »milde Paranoia« geschildert haben.

Eine ähnliche Problematik warf *R. Allers* mit seiner Arbeit »Über psychogene Störungen in sprachfremder Umgebung« (Zschr. f. d. ges. Neur. u. Psych., Bd. 60, 1920) auf. Der Verfasser gibt seiner Studie den Untertitel »Der Verfolgungswahn der sprachlich Isolierten« und setzt dies in Beziehung zu der von *Kraepelin* beschriebenen Psychose der Schwerhörigen. Er zitiert Fälle aus seiner Erfahrung als Militärarzt in der österreichischen Armee während des Ersten Weltkrieges: da die Donaumonarchie ein Völkergemisch darstellte, gab es gelegentlich Soldaten (oder Gefangene), die in ein gänzlich fremdsprachiges Milieu versetzt wurden. Bei den Kranken von *Allers* traten dann psychotische Reaktionen auf, die bei Zuziehung von gleichsprachigen Menschen überraschend abklangen. Bei zwei russischen Gefangenen (aus dem asiatischen Rußland) kam es zu psychoseähnlichen Zuständen: diese wurden mit Hilfe, besser: *von* einem Dolmetscher geheilt! Bei diesen Fällen taucht allerdings die Frage auf, ob nicht als zusätzliche Noxe zum »sprachfremden Milieu« entsetzenerregende Vorstellungen kamen, welche die Kriegspropaganda in ihren maßlosen Übersteigerungen den Soldaten als Folgen einer Gefangennahme (Tortur etc.) eingehämmert hatte: in diesem Falle könnte die paranoide Verfassung als bloße Schutzreaktion gegen die zu erwartenden Gefahren interpretiert werden.

Allers sieht in seinen Fällen eindeutig psychogene Reaktionen. Er zitiert *Kraepelins* Äußerungen über den »Verfolgungswahn der Schwerhörigen« (Bd. 4 der »Psychiatrie«, S. 1441), wonach dieser einen »etwas verschwommenen Verfolgungswahn mit eigentümlich unbestimmten Sinnestäuschungen und halb ängstlicher, halb gereizter Stimmung, der seine Wurzel anscheinend in dem Gefühle der Unsicherheit hat, wie sie durch die Unterbindung der wichtigsten seelischen Beziehung zur Außenwelt hervorgerufen wird«, darstellt. — Die außerordentliche Seltenheit der *Allers*schen Fälle bedingt, daß die Fachliteratur — soweit wir sehen — nur wenig auf dieses Krankheitsbild Bezug genommen hat.

Ein weiteres hierher gehöriges Syndrom zeichnete *E. J. Kempff* in seiner »Psychopathology« aus dem Jahre 1920 unter dem Titel der »homosexual panic«. Da uns das Originalwerk dieses Autors nicht zugänglich war, deuten wir seine Auffassungen in der Formulierung von *Burton S. Glick* an, der sich eingehend zu diesem Thema geäußert hat (»Homosexual Panic: Clinical and theoretical considerations«. The Journal of Nerv. and Ment. Disease, Vol. 129, Nr. 1, July 1959). *Glick* betrachtet die Panik als einen Zustand, der quantitativ und qualitativ von der Angst unterschieden werden muß. Panik gilt ihm bereits als ein psychoseähnliches Phänomen, das allerdings auch bei normalen Individuen vorkommen kann. Bei der »akuten homosexuellen Panik« handelt es sich nach ihm – in Übereinstimmung mit *Kempff* – um »eine akute schizophrene Reaktion, die das ganze Panoptikum schizophrener Symptome entfaltet, begleitet von intensiven Angstreaktionen, die sich in gewaltiger Erregung oder katatoner Lähmung äußern. Dies basiert auf der Angst des Patienten, die Kontrolle über seine unbewußten Wünsche zu verlieren, sich als homosexuelles Objekt anzubieten, wovon er die schlimmsten Konsequenzen erwartet.« (S. 27)

Ergänzend hierzu will *Glick* auch eine »akute aggressive Panik« einführen, da in manchen Fällen das homosexuelle Element hinter dem aggressiven (Überwältigtwerden im allgemeinen Sinne!) zurücktritt oder gar nicht vorhanden ist. Die Prognose dieser Reaktionen soll gut sein, vor allem dann, wenn es – wie schon *Kempff* bemerkte – gelingt, den Patienten zu einem adäquateren Sexualverhalten zu erziehen. – Der *Freud*sche Einfluß auf diese Konzepte ist offensichtlich. Ähnlich wie in der »Schreber-Studie« wird für die paranoiaähnliche Entwicklung eine isolierte »unbewußte homosexuelle Tendenz« postuliert: es fehlt u. E. eine ganzheitliche Betrachtung der pathogenen Persönlichkeitsfaktoren, innerhalb deren wohl die »Homosexualität« oft nur ein »modus dicendi« für alle möglichen komplexbedingten Reaktionen sein kann.

Der Begriff der eigentlichen »schizophrenen Reaktion« knüpft an die Namen von *Erwin Popper* und *Eugen Kahn* an. Der erstere publizierte im Jahre 1920 einen Aufsatz über den »Schizophrenen Reaktionstypus« (Zschr. f. d. ges. Neur. u. Psych., Bd. 39). Dieser wird definiert als »das sozusagen isolierte, einer prozeßmäßigen Weiterentwicklung nicht unterworfene Hervortreten von sonst mehr oder weniger latenten, unter gewissen Umständen aber sich deutlich manifestierenden, zu bestimmten Bildern sich gruppierenden Symptomen, um einen Dispositionskomplex, der seinen Träger zu eigenartiger Reizbeantwortung prädestiniert scheinen läßt und ihn als besonderen, reaktiven (degenerativen?) Typus charakterisiert.« Dieser »schizophrene Reaktionstypus« wird von *Popper* den anderen endogenen Reaktionstypen (den hysterischen, manischen, depressiven, epileptoiden etc.) zur Seite gestellt, von ihnen aber möglichst scharf unterschieden. Das Individuum, das zu diesem Reaktionstypus gehört, reagiert auf bestimmte Schädlichkeiten des Lebens seiner »tieferen inneren Wesenheit gemäß« mit Symptombildern, die man sonst bei der Schizophrenie anzutreffen gewohnt ist. Nach *Popper* sind viele akut verlaufene und benigne Krankheitsfälle scheinbarer Schizophrenien im Grunde nur als solche »Reaktionstypen« anzusehen, die vom »schizophrenen Krankheitsvorgang und überhaupt vom Krankheitsbegriff der Schizophrenien strikte zu sondern wären« (S. 206/207).

Poppers »schizophrener Reaktionstypus« erinnert sehr an *Kretschmers* »Schizoiden« und an den »sensitiven Beziehungswahn«. Dem Grundgedanken, in die Gruppe der Schizophrenien detaillierte Unterteilungen einzuführen, ordnet sich der »schizophrene Reaktionstypus« sinngemäß ein: es bleibt aber unklar, um was es sich letzten Endes handelt, wenn *Popper* für die »schizophrene Reaktion« eine Symptomatologie anführt, die den Verlaufsbildern echter Schizophrenien weitgehend und vorläufig oft kaum oder gar nicht unterscheidbar ähnelt, und doch gleichzeitig feststellt: »Man darf hier wohl die Annahme einer speziellen Form psychopathischer bzw. degenerativer (aber darum eben nicht von vornherein hysterischer) Reaktionsbereitschaft, eines besonderen Reaktionstypus akzeptieren« (ibid., S. 205). Unserer Meinung nach hat *Kretschmer* das Problem mit einem glücklicheren Ansatz behandelt. Der ungewöhnlich dehnbare Begriff der »Psychopathie« und der noch wesentlich verwaschenere der »Degeneration« tragen wenig zur Klärung der Diskussionslage bei; auch in seiner weiteren Arbeit über »Klinische Studien zur Genese der Schizophrenie« (Monatsschrift f. Psych. und Neur., 1921) ist *Popper* über seine dem Heredität- und Degenerationsgedanken verhafteten Überlegungen nicht hinausgekommen.

Aber seine Anregung wurde sofort aufgegriffen, so von *Eugen Kahn* in »Zur Frage des schizophrenen Reaktionstypus« (Zschr. f. d. ges. Neur. u. Psych., Bd. 66, 1921). *Kahn* wandte sich gegen *Poppers* Bestreben, den schizophrenen Reaktionstypus strikte von der Schizophrenie abzutrennen. Die Schizophrenie gilt ihm hierbei als »erbkonstitutionell« im Sinne einer »schizophrenen Anlage«, aus der »schicksalsmäßig die Krankheit sich entwickelt, auf die äußere Schädlichkeiten im allgemeinen keinen maßgebenden Einfluß zu haben scheinen« (S. 275). *Kahn* will u. U. trennen zwischen »schizophrener Erbanlage« und »Anlage zur Psychose« als zwei verschiedenen konstitutionellen Bestandteilen. Mit dem ersteren

Begriff will er vor allem die vielen »Schizoiden« erfassen, die man in den Familien von schizophrenen Patienten nachweisen kann. Diese »absonderlichen Persönlichkeitstypen« sieht er in ihrem »genealogischen Zusammenhang« mit ihren erkrankten Verwandten; zudem ist zu bemerken, daß manche Schizoide, die schizophren werden, bei evtl. Restitution wieder schizoid sein müssen. Daraus wird gefolgert: »Die erbbiologische Verkettung des schizoiden Persönlichkeitstypus mit der Krankheit Schizophrenie — oder mit den Krankheiten der Schizophrenien — bildet also einen in sich geschlossenen Ring« (ibid., S. 277). Demnach soll unter gewissen Bedingungen aus den »nebeneinander liegenden genotypischen Komplexen« (Anlage zum Schizoid und Anlage zur schizophrenen Prozeßpsychose) das Erscheinungsbild der Dementia praecox realisiert werden. Dem »Psychogenen« wird lediglich die Rolle des »Mobilisierens« der latenten Anlage zugeschrieben.

Im Gegensatz zu *Popper* erklärt *Kahn*: »Der schizophrene Reaktionstypus ist deshalb meiner Meinung nach von den Schizophrenien keineswegs abzutrennen, sondern in mancher Hinsicht geradezu als ein Bindeglied zwischen den schizoiden Persönlichkeitstypen und den schizophrenen Krankheitsprozessen zu betrachten« (S. 280). Durch diese These soll das Nebeneinander-Auftreten beider Formen innerhalb einer Sippe erklärt werden: es sind eben zweierlei Anlagen im Spiel. So plausibel diese Erklärung auf den ersten Blick hin anmuten mag, erhebt sich für uns die Frage, ob *Kahn* nicht einer »Gen-Mythologie« verfällt, die jener anderen Spekulation über anatomische Hirnbefunde gleicht, die *Kretschmer* spöttisch »Hirnmythologie« nannte. Uns will scheinen, daß gerade *Kretschmer* die Zusammenhänge zwischen Schizoid und Schizophrenie tiefsinniger und überzeugender dargestellt hat. An ihn lehnt sich *Kahn* selber in einer weiteren Arbeit an, die dem Thema: »Versuch einer einheitlichen Gruppierung aller schizophrenen Äußerungsformen des Irreseins« (Allg. Zschr. f. Psychiatrie, Bd. 84, 1926) gewidmet ist.

Unter dem Titel »Über primitiven Beziehungswahn« (Zschr. f. d. ges. Neur. u. Psych., Bd. 127, 1930) führte *Kurt Schneider* einen »bisher kaum beschriebenen Typus akuter wahnhafter Reaktion« ein, der Beziehung zur schizophrenen Reaktion aufweist. Er schildert drei in wesentlichen Punkten übereinstimmende Fälle, wo sich aus einem akuten ängstlichen Affektsturm ein Beziehungswahn im Sinne der Beeinträchtigung und Verfolgung entwickelte. In einem dieser Fälle kam ein Bauernbursche aus seinem Dorfe zu seiner Braut in die Großstadt, wo er — von der Reise erschöpft — paranoide Ideen entwickelte; im zweiten Falle lösten Reiseschwierigkeiten bei einer polnischen Auswandererfamilie ebenfalls nach erschöpfender Bahnfahrt Angst und Erregungsgedanken im Sinne eines Beeinträchtigungswahnes aus; Fall 3 schließlich zeigte Vergiftungsideen bei einer schwer Lungenkranken im Anschluß an die ärztliche Behandlung. In allen drei Fällen klang die Psychose nach beruhigender Aussprache sofort ab, ein Grund, der den Autor berechtigt, sie als abnorme Reaktion zu beurteilen.

Schneider nennt diesen Beziehungswahn »primitiv«, weil er eine »Primitivreaktion« gemäß der *Kretschmer*schen Formulierung darstellt: »Erlebnisreize werden nicht von der Gesamtpersönlichkeit erfaßt, sondern kommen unvermittelt in impulsiven Augenblickshandlungen oder in seelischen Tiefenmechanismen reaktiv wieder zum Vorschein« (S. 732). Dies hängt hauptsächlich von der Erlebnisstärke (aber wohl auch von der verminderten Reizverarbeitung infolge Erschöpfung) ab: starke Reize »durchschlagen« die höheren Persönlichkeitsstrukturen und wühlen »elementar-triebhafte Tiefenmechanismen« auf.

Schneider erinnert an *Allers* Untersuchung über psychogene Störungen in sprachfremder Umgebung, die in den Umkreis seiner Darlegungen fällt. Er erachtet den »primitiven Beziehungswahn« als eine ungemein seltene Erscheinung — er will unter 27 000 Aufnahmen keinen einzigen Fall beobachtet haben. Resümierend stellt er fest, daß er als Ursache für dieses akute, stürmische Wahngeschehen (bei entsprechender Disposition) Angst, fremde Umgebung und Kräfteverlust (Ermüdung usw.) geltend machen müsse: die darauf folgende »reaktive Störung« solle keineswegs mit den »prozeßhaften Schizophrenien« vermischt werden.

Diesen Gedanken nimmt *Fritz Knigge* auf in seinem »Beitrag zur Frage des primitiven Beziehungswahnes« (Zschr. f. d. ges. Neur. und Psych., Bd. 153, 1935), worin ebenfalls einige Fälle geschildert werden, bei denen neben organischen Faktoren (Erschöpfung, Menstruation etc.) aus seelischer Verursachung heraus eine »völlig einfühlbare« abnorme Reaktion eintritt, die als »Primitivreaktion« verstanden werden kann. Auch für *Knigge* ist der »primitive Beziehungswahn« eine flüchtige Wahnbildung, die »ihre Wurzeln ebensowohl in einer bestimmten Persönlichkeitsveranlagung wie in der Art der einwirkenden Erlebnisreize hat« (S. 627).

Die Diskussion um die »schizophrene Reaktion« kommt seit

der Einführung des Begriffes nicht mehr zur Ruhe und zieht immer weitere Kreise. Nur am Rande erwähnen wir etwa die Arbeit von *C.-J. Urechia* über »Les psychoses réactionelles« und *E. Speers* »Endogen oder reaktiv? Ein Beitrag zur psychiatrischen Diagnostik und der Frage ihres Wertes für die Psychotherapie« (Encéphale, Nr. 8, Sept.-Oct. 1931; Zschr. f. d. ges. Neur. u. Psych., Bd. 145, 1933). *Urechia* gibt einen allgemeinen Überblick über die psychogen verursachten Störungen, worunter er dépression réactionelle, mélancholie réactionelle, stupeur, les formes maniques, confusion mentale und les états schizophréniques ou schizomaniques versteht; er bricht hierbei eine Lanze für die Psychogenität dieser Zustände, geht aber weiter nicht auf theoretische Zusammenhänge ein: der Hauptteil seiner Untersuchung ist Kasuistik, die jedoch nur sehr summarisch behandelt wird. — *Speer* in einem größeren Aufsatz wiederholt die Argumente der »deutschen Psychiatrie«, die für den »schizophrenen Prozeß« eine eindeutig somatische Ätiologie annimmt und die Möglichkeit von Psychotherapie völlig bestreitet (»Echte Schizophrenien kümmern sich gar nicht um Psychotherapie!«). Wo eine Schizophrenie in Heilung ausläuft, ist sie nach *Speer* — offenbar definitionsgemäß — keine echte Schizophrenie gewesen. Damit stellt er sich in schroffen Gegensatz zu *Kretschmer*, der sich 1929 fragte, »ob bei Schizoiden als reine Erlebnisreaktionen schizophrene Psychosen vorkommen, die sich von einer sonstigen akuten Schizophrenie äußerlich nicht unterscheiden lassen, die aber nicht endogen-prozeßhaft weiterlaufen, sondern spontan oder unter Psychotherapie heilen«. *Speer* ist nur bereit, eine »schizophrene Reaktion« anzunehmen, wenn ein direkter Zusammenhang mit einem Vitalaffekt (Schreck, Lebensangst, Strapazen, Hunger, Durst, Kälte, Schmerzen usw.) besteht und wenn ein Sinnbezug auf der Hand liegt: für die eigentlichen Psychosen streitet er jede Einfühlbarkeit ab und glaubt auch nicht daran, daß diese in einem (wesentlichen) erlebnismäßigen Kontext stehen können.

Gewichtiger und vorurteilsfreier äußerte sich zum selben Thema *M. Serejski:* »Zur Fragestellung über Umfang und Klassifikation der schizophrenen Reaktionen«. Der russische Autor hebt hervor, daß die (*Popper-Kahnsche*) »schizophrene Reaktion«, die bisher als eine kasuistische Seltenheit, als ein »diagnostisches Kuriosum galt, sich . . . eine dauernde Stelle in der täglichen Arbeit, in der Alltagsdiagnose erobern muß« (S. 310). Diese gilt ihm als eine »Pseudo-Schizophrenie«, da bei ihr alles auf den ersten Blick hin auf einen schizophrenen

Prozeß (Beziehungsideen, Beeinflussungswahn, Halluzinationen) verweist und erst Krankheitsverlauf und Anamnese die Abgrenzung ermöglichen. Er will die »schizophrene Reaktion« in eine Krankheitsgruppe einreihen, die er die »somato-psychogene« nennt, da er unter ihren ätiologischen Momenten sowohl somatische als auch psychische Faktoren findet.

Serejski äußert sich folgendermaßen: »In der Ätiologie läßt sich eine mehr oder weniger stabile Triade aufdecken: somatische Erkrankung (Infektion, Intoxikation, endogene Krise, schwere Geburt und dergl.; dazu kann bedingungsweise auch Minderwertigkeit der Organe [Adler] mitgerechnet werden), stark ausgeprägte Erschöpfung (mit Überarbeitung, Unterernährung oder psychischen Traumen verbunden). Diese zwei Momente, einzeln oder verknüpft, führen zur Abnahme der somatischen Widerstandskraft und bereiten den Boden für die Entwicklung der schizophrenen Reaktion vor. Das dritte entscheidende Moment ist das psychische Trauma (akut oder chronisch), das sich deutlich im Inhalte der Reaktion abspiegelt« (S. 311).

Nur dann kann von schizophrener Reaktion gesprochen werden, wenn das psychische Trauma — welches der konstanteste Bestandteil dieser Erkrankung ist — in verständlichem Zusammenhang mit den Krankheitserscheinungen steht. Präpsychotisch fand Serejski vorwiegend einen sensitiv-schizoiden Charakter; Verlauf und Ausgang der Krankheit waren gemäß seiner Erfahrung »in jedem einzelnen Falle absolut günstig«. Anders als Popper, der bei seiner Kasuistik von »Debilität« sprach, bezeichnet er seine Patienten als »in intellektueller Hinsicht meist vollwertige, begabte Menschen«, die alle Angestellte mit guter Bildung waren; in seinem Material übertrifft die Zahl der Männer diejenige der Frauen, woraus sich aber angesichts des geringen Erfahrungsgutes keine Schlüsse ableiten lassen. Da es sich bei der schizophrenen Reaktion um ein kompliziertes Syndrom handelt, möchte Serejski hierfür den Ausdruck funktionelle Schizophrenie einführen, womit er — wie Kahn — die Verwandtschaft der beiden Zustandsbilder hervorhebt.

In ähnliche Richtung weist auch das »Expertengutachten«, in dem sich Klaesi, Maier, Manzoni, Steck u. a. in versicherungsrechtlicher Hinsicht über die »schizoide Reaktionspsychose« aussprechen. Die Autoren verstehen darunter ein Krankheitsbild, welches bei Menschen auftrete, »die die Anlage zur Schizophrenie in schwächerer Form in sich tragen, die aber in ruhigen Lebensverhältnissen gesund bleiben; werden sie dagegen von schwer auf sie einwirkenden äußeren oder inneren Schädigungen betroffen (sehr starke, besonders affektiv wirkende seelische Einflüsse, auch Infektionskrankheiten, Vergiftungen, Unfälle usw.), so können sie mit einem vorübergehenden Stadium von Geisteskrankheit reagieren, das in seinen Symptomen einer echten Schizophrenie sehr ähnelt oder auch manchmal gar nicht von ihr unterschieden werden kann; nach dem Ablauf dieses krankhaften Stadiums kommen sie in den Zustand der sog. Anpassung zurück, den sie vor der Erkrankung hatten ... Die schizoiden Reaktionspsychosen sind relativ selten zu den Zentralformen des Leidens und kommen ... wohl fast ausnahmslos zur Heilung.« Andererseits wird hervorgehoben, daß es auch zu einem »Übergang in die eigentliche Schizophrenie« kommen könne, wobei Steigerung und Fixierung der Irritation eine Rolle spielen könnten (Schweiz. Arch. Neurol. 1939, 44.352).

Mit solchen Feststellungen wurde die Abgrenzung zwischen Schizophrenie und schizophrener Reaktion zu einem recht schwierigen Unterfangen — als eines der sichersten Kriterien erschien hiermit der »Verlauf der Erkrankung«, wobei gewissermaßen ex juvantibus geurteilt werden mußte. Ein Versuch zur Erarbeitung genauerer Distinktionen wurde gemacht von *Gabriel Langfeldt in:* »The schizophreniform States« (1939). Durch katamnestische Erforschung stellte *Langfeldt* fest, daß das Schizophrenie-Material der psychiatrischen Kliniken unter der Klassifikation »endogene Schizophrenie« Fälle enthält, die durch Abwesenheit der präpsychotischen schizoiden Persönlichkeit und Fehlen der schizophrenen Prozeß-Symptome in der akuten Phase charakterisiert sind. Diese Fälle verbleiben, wenn man die typischen schizophrenen Erkrankungen abzieht: sie gelten als *schizophreniforme Psychosen.* Spezifisch für sie ist, daß sie innerhalb von sechs Monaten zumeist dauerhafte Heilung erreichen, wobei sie auch auf Schock-Therapie günstig anzusprechen scheinen.

Zur Pathogenese erklärt *Langfeldt,* daß diese größtenteils »individuell« sei. Als konstitutionelle Grundlagen könnten gewisse Dispositionen, z. B. heterozygote schizophrene Anlagen, manisch-depressive oder asthenische Konstitutions-Komponenten, in Frage kommen. Die »individuellen Faktoren« sind sowohl psychogen als auch somatogen (leptosomer Körperbau, Organerkrankungen, Infektionen und Traumata): die psychogene Noxe kann mit der Auslösung der Krankheit in Zusammenhang gebracht werden.

Für die Diagnostik ist wesentlich, daß der der schizophreniformen Psychose vorausgehende Lebenslauf keineswegs auf die Erkrankung »hinzielt«. So erhält man den Eindruck, daß diese zumeist »nicht-schizoiden« Menschen unter dem Druck leib-seelischer Beanspruchungen oder Erschütterungen in die Psychose hineingeraten, die ihnen derart »wesensfremd« ist, daß nach Erholung oder Streß-Beendigung der Heilungsprozeß kontinuierlich vor sich geht. Wie weit die Schock-Behandlung nützlich ist, kann man nach *Langfeldt* erst ermessen, wenn die Kliniken sorgfältig schizophrene von schizophreniformen Psychosen absondern: die älteren Statistiken seien diesbezüglich völlig unachtsam, was bewirken mag, daß etwa Anstalten mit vorwiegend schizophreniformen Erkrankungen fälschlicherweise bessere Heilungsziffern erhalten.

Bevor wir die Weiterführung dieser *Langfeldt*schen Anregungen bei (anderen) skandinavischen Autoren aufweisen, sei — wenigstens andeutungsweise — der französischen Schule gedacht, die von der »Psychasthenie« *Janets* her Zugänge zur schizophrenen Reaktion eröffnet hat. Als ein Beispiel für viele erinnern wir an die Arbeit von *P. Delmas-Marsalet, Lafon* und *Faure* über »Les formes pseudo-schizophréniques de la psychasthénie (L'Encéphale, Bd. 35, Jg. 1942—45). Die Autoren knüpfen an *Janets* Begriff der Psychasthenie an, in deren Erscheinungsbild man u. a. »sentiment d'incomplétude, sentiment d'incapacité ou d'impuissance, sentiment d'infériorité, sentiment d'étrangeté ou de dépersonnalisation etc.« vorfindet. An den ebenfalls charakteristischen »obsessions« läßt sich mitunter eine Überleitung von der psychasthenischen zur schizophrenen Symptomatik demonstrieren; dort, wo ein Mischzustand vorherrscht, entstehe ein Krankheitsbild der *psychasthénie de type pseudo-schizophrénique,* wobei sich die Vermutung aufdrängt, daß in solchen Fällen eine konstitutionelle Psychasthenie durch eine Episode pseudoschizophrenen Charakters überlagert werde. Die Schlußfolgerungen der Autoren gehen dahin, daß eine bestimmte Affinität zwischen Psychasthenie und Schizophrenie bestehen könne: der Übergang von einem Zustand in den anderen sei dadurch bestimmt, daß die Zwangsgedanken sich in Halluzinationen, die Depersonalisationsgefühle sich in Ideen der Beeinträchtigung und Verfolgung umsetzten. Die Feinheit der französischen Sprache erlaubt den Verfassern, sich kunstvoll auszudrücken: bei manchen psychasthenischen Fällen stelle sie fest, daß ihnen ein »parfum de schizophrénie« anhaftet!

Wie bereits erwähnt, haben skandinavische (und auch holländische) Forscher die *Langfeldt*schen Begriffsbestimmungen übernommen und genauer zu präzisieren versucht. Aus der Fülle der Arbeiten, die hierüber geschrieben wurden, können wir nur einige berücksichtigen. So etwa untersucht *Poul Faergeman* »Early differential diagnosis between psychogenic psychosis and schizophrenia« (Acta Psych. et Neurol. Scand., Vol. XXI, 1946), wobei er um die Abgrenzung beider Krankheitsbilder auf mathematisch-statistischem Weg bemüht ist. Er verwendet zu diesem Zweck eine Art Faktorenanalyse, worin den Einzelfaktoren (d. i. den Symptomen) ein Zahlenwert zugeordnet ist; die Art des psychischen Traumas, die affektive Antwort des Patienten, seine Halluzinationen oder deren Ausfall, die Dauer der Krankheit (mehr oder weniger als drei Monate) und die paranoide Beimischung (occurrence of delusions) werden auf einer ingeniösen Plus-Minus-Skala bewertet. Die »psychogenen« Elemente erhalten positives, die »schizophrenen« negatives Vorzeichen, so daß man am Endergebnis der Summation aller Faktoren (positiver oder negativer Werte) gleichsam »ablesen« kann, ob man es mit einer schizophreniformen Psychose oder mit einer Schizophrenie zu tun hat. Über die Problematik eines solchen rechnerischen Verfahrens wird man nicht viel Worte verlieren müssen; es ist selbstverständlich, daß hinter einer solchen scheinbaren Exaktheit viel Oberflächlichkeit unterläuft und daß die Nuancen des Einzelfalles und der individuellen Lebensgeschichte bei einer derartigen Betrachtungsweise völlig verlorengehen.

Z. *Finkelstein* in »A study in schizophreniform psychoses« (Acta psych. et. neurol. Scandinavia. Vol. XXVIII, 1953) erinnert daran, daß der Ausdruck »schizophreniforme Psychose« von *Meduna* eingeführt worden sei. *Finkelstein* hält die Abgrenzung von solchen psychoreaktiven Fällen von der eigentlichen Schizophrenie für sehr wesentlich. Seines Erachtens kann man sie erkennen an dem Umstand, daß die Krankheit im Zusammenhang mit einem Streß oder Konflikt auftritt und sozusagen eine Antwort darauf darstellt; bei der eigentlichen Schizophrenie soll der Streß nur eine »pathologische« Rolle spielen. Schizophreniforme Psychosen bedürfen nach *Finkelstein* der Psychotherapie und der Unterstützung in ihren Lebensschwierigkeiten: ähnliches gilt für den sensitiven Beziehungswahn wie auch für die »Oneirophrenia« *(Meduna)*. Diagnostisch wichtig ist auch, daß nach kurzer Zeit bereits wieder Besserung und Heilung eintrete: wobei physische Behandlung in vielen Fällen unnötig sei.

Den klinischen und genetischen Standpunkt bringen zur Anwendung *Joseph Welner* und *Erik Strömgren* in »Clinical and genetical studies on benign schizophreniform psychoses based on a follow-up« (Acta psych. et neurol. scandinavia, Vol. 33, 1958). Diese Autoren führten eine Studie an 106 Patienten durch, die in der Zeit ihrer ersten Beurteilung ein schizophreniformes Bild boten und damit auch Zeichen einer günstigen Prognose bekundeten. Die Fälle wurden über einen Zeitraum von 1,5 bis 20 Jahren (durchschnittlich 8,8 Jahre) verfolgt, wobei 72 Patienten sich als geheilt erwiesen oder doch an nicht-schizophrenen Störungen litten. In der Geschwister-Reihe dieser Patienten sei die Schizophrenie-Häufigkeit wesentlich geringer als bei korrespondierenden »echten Schizophrenien«; dafür aber war die Neurosenzahl über das für »Normalfamilien« gefundene Maß erhöht.

Das Familienbild läßt die Autoren darauf schließen, daß bei den schizophreniformen Psychosen kaum ein spezifisch-genetischer Faktor im Spiele sei. Da diese Psychosen auf Provokationen durch exogene Faktoren zurückgeführt werden können, wird bei den Patienten lediglich eine unspezifische *gesteigerte seelische Verletzlichkeit* vermutet, die unter besonderen Bedingungen den Ausbruch der schizophrenieähnlichen Reaktion ermöglicht.

Der bereits oben erwähnte *L. J. Meduna* hat ähnliche Krankheitsbilder unter dem Titel »Oneirophrenia: The confused state« (1950) zusammengefaßt: damit beschrieb er Zustände, in denen der Patient von einem traumhaften »Dämmerzustand« überwältigt wird, Sinnestäuschungen anheimfällt und Störungen im Kohlehydratstoffwechsel zeigt. *Meduna* unterschied zwei Formen dieser Erkrankung: die einfache Form (Gefühl der Persönlichkeitsveränderung, Halluzinationen) und die deliroide Form (Trübung der Sinneseindrücke, Illusionen, Halluzinationen, »Entfremdungsphänomene«). Der Einsatz beider Formen könne akut oder subakut sein; Denkvorgänge und affektive Prozesse seien kaum geschädigt; die Patienten seien nicht negativistisch und zögen sich nicht wesentlich in sich selbst zurück. — Die Prognose der »Oneirophrenia« wird als günstig angegeben: mehr als 64 Prozent von *Medunas* Fällen heilten vollständig aus.

Fast alle bis jetzt zitierten Autoren heben hervor, daß die »schizophrene Reaktion« und die ihr verwandten Zustände ein somato-psychisches Phänomen seien, u. zw. in dem Sinne, daß in ihr sowohl körperliche als auch seelische Mechanismen und ihre Fehlsteuerung ätiologisch bedeutsam sind. Dies berechtigt uns dazu, auch einen — gewiß nur fragmentarischen — Blick auf jene Befunde zu werfen, in denen das Krankheitsgeschehen physiologisch und pathophysiologisch gedeutet wird. Schon im Jahre 1943 bezog sich *M. Bleuler* (in: »Schizophrenes und endokrines Krankheitsgeschehen«) auf die bekannten Forschungen von *W. R. Hess* über Leistungsphysiologie und erinnerte an deren eindrucksvolle Belege, »daß im Hinblick auf die Bereitstellung für bedeutungsvolle biologische Aufgaben eines Individuums allgemeine biologische Schaltungen erfolgen, die gleichzeitig körperliche wie psychische Ausdrucksformen betreffen. Wir müssen, wie sich aus seinen Modellversuchen ergibt, mit der Möglichkeit rechnen, daß es Krankheiten gibt, die als unrichtig gesteuerte Schaltung des Organismus im Hinblick auf eine bevorstehende Aufgabe am besten zu verstehen sind«. Diese Äußerung schlägt auch eine Brücke zwischen der Psychopathologie und der Lehre vom Adaptationssyndrom, wie sie *H. Selye* entwickelt hat. Die ausführlichen Forschungen der *Selye*schen Schule über Streß-Wirkungen und die hormonalen Reaktionen des Organismus innerhalb der Stadien »Alarm«, »Widerstand« und »Erschöpfung« sind sicherlich für die Beurteilung schizophrenieähnlicher Zustände (und möglicherweise auch für die Schizophrenie selber) nicht unerheblich: jedenfalls scheint damit im angelsächsischen Bereich die Hoffnung entstanden zu sein, die Schizophrenielehre in der Endokrinologie unterbringen zu können.

Über die endokrinologischen Probleme der Schizophrenie (und ihrer Grenzgebiete) gibt es Tausende von Publikationen; es erübrigt sich, darüber Rechenschaft abzulegen, seit *M. Bleuler* in seiner großangelegten »Endokrinologischen Psychiatrie« (1954) allen diesbezüglichen Fragen mit umfassendster Sorgfalt nachgegangen ist. *Bleulers* Werk entzieht den meisten unbegründeten Hypothesen und Spekulationen den Boden, indem es sich strikt im Rahmen der heute wißbaren Tatsachen hält. Mit einer fast asketisch zu nennenden Redlichkeit wird jede Behauptung, die noch nicht als bewiesen gelten darf, in ihre Problematik zurückverwiesen, wodurch die Forschung wieder ihren »offenen Horizont« erhält, der ihr durch leichtfertige Annahmen und Verallgemeinerungen zu entschwinden drohte.

Nach *Bleuler* besteht keine eindeutige Beziehung zwischen Schizophrenie und Endokrinopathie. Selbst *Kraepelin,* der zunächst große Hoffnungen auf einen solchen Zusammenhang gesetzt hatte, hat dies 1927 in der 9. Auflage seines Lehrbuches andeutungsweise anerkannt. Der Mangel der traditionellen Forschung besteht nach *Bleuler* darin, daß diese die exakte Untersuchung feinster Stoffwechselschwankungen *ohne* Berücksichtigung des Innenlebens der Kranken durchführte. Es gab zu wenig Zusammenarbeit zwischen dem Physiologen und dem Kliniker, der am Krankenbett den lebendigen Kontakt mit dem Patienten aufrechterhielt. Die Schule in Bristol von *Hemphill* und *Reiss* schlägt hier neue Wege ein, indem sie, was *Bleuler* als sehr aussichtsreich erachtet, »nach der Endokrinopathie eines Schizophrenen und nicht nach der Endokrinopathie der Schizophrenie sucht« (S. 349). Man wird also in Zukunft der Individualität des schizophrenen (oder schizophreniformen) Patienten, der die Psychoanalyse und die Klinik größte Aufmerksamkeit zu schenken gewohnt sind, auch bis in seinen Stoffwechsel und Hormonhaushalt hinein besonderes Interesse widmen müssen.

Unter Bleulers nüchterner Sichtung erweisen sich bisherige Spekulationen über Wasserhaushalt, Schilddrüsenfunktion, Keimdrüsentätigkeit etc. innerhalb der Schizophrenie als ungesichert oder unhaltbar: einzig die Nebennierenrindeforschung mit ihren Streß-Untersuchungen *(Selye)* scheint verheißungsvolle Ansatzpunkte zu liefern. Aber auch hier ist es heute noch verfrüht, »aus den erhobenen Befunden über Besonderheiten der Nebennierenrindefunktion bei Schizophrenen Schlüsse auf die Pathogenese der Schizophrenie zu ziehen« (S. 343).

So bleibt denn als Residuum der jahrzehntelangen Forschung nach einem kritischen Destillationsprozeß relativ wenig zurück: was nur demjenigen als kläglich erscheinen wird, der lieber eine Unzahl Illusionen an Stelle einiger verläßlicher Wahrheiten besitzt. *Bleuler* bestätigt, daß etwa die Grundumsatzwerte, die Zuckertoleranz, die Keimdrüsenfunktion und die Nebennierenrinde beim Schizophrenen »durchschnittlich« geringer oder »anders« sind als beim Normalen: er warnt aber zugleich vor solchen Statistiken und zeigt deutliche Sympathie für die verfeinerte endokrinologische Untersuchung, die dem Einzelfall gerecht wird. Auch hält er sich offen für eine enge Koordination der psychologischen und endokrinologischen Forschung: das Innenleben des Kranken ist für ihn offenbar zumindest ein ebenso entscheidender Faktor wie eine Hormondrüsenfunktion, was früheren Untersuchern, die einseitig auf das Körpergeschehen konzentriert waren, häufig entgangen ist. Wenn sich dieser Standpunkt allgemein durchsetzt, so ist u. E. Aussicht vorhanden, daß die heute noch obskur gebliebenen Relationen zwischen Psychosen und den sie begleitenden somatischen Symptomkomplexen sich einigermaßen lichten werden.

Vielleicht wird dann auch der Gedanke auftauchen, daß Schizophrenie und schizophrenieähnliche Zustände in jenen allgemeinen Rahmen fallen, den *Arthur Jores* (»Der Mensch und seine Krankheit«, 1956) mit dem tiefsinnigen Begriff der »menschlichen Krankheiten« umschreibt. Diese sind bekanntlich den Mensch und Tier gemeinsamen »Infektionskrankheiten« als Gruppe gegenübergestellt; sie enthalten jene Erkrankungen (wie z. B. Ulcus ventriculi et duodeni, Asthma, Tuberkulose, Angina pectoris, Allergien, Blutdruckkrankheiten etc.), in deren Ätiologie der *psychische Faktor* eine ausschlaggebende oder dominierende Rolle spielt. Das spezifisch Menschliche an diesen Krankheiten soll darin bestehen, daß sie einen »Stellenwert« in der Lebensgeschichte des Patienten haben: sie sind Ausdruck seiner Lebensgestaltung, seiner »Selbstverwirklichung« im Medium pathologisch veränderter Lebensfunktion. *Jores* bringt seine Krankheitsgruppe »tiefenpsychologisch« mit Konfliktsituationen in Zusammenhang, in denen ein gehemmter Mensch in seiner Ausweglosigkeit sein Kranksein gleichsam als »Lebensmöglichkeit« ergreift: was dem einen sein »Ulcus« leistet, mag dem anderen seine »schizophrene Reaktion« gewähren.

Nach dieser Abschweifung kehren wir wieder zu unserem Thema (im engeren Sinne) zurück In seiner Abhandlung »Zur Frage der Emotionspsychosen« (Bulletin der Schweiz. Akad. d. Mediz. Wissenschaften, Vol. 2, 1946/47) hat *J. E. Staehelin* ein Krankheitsbild skizziert, das der schizophrenen Reaktion weitgehend parallel läuft. Französische Autoren haben den Begriff der »Emotionspsychose« geprägt: er zielt auf psychotische Reaktionen, die durch emotionelle Erschütterungen ausgelöst werden und sich hinsichtlich Qualität, Intensität und Dauer von den schwersten Neurosen deutlich abheben. Symptomatologisch drängt sich dem Beobachter geradezu der Ausdruck einer »Pseudo-Schizophrenie« auf; *Staehelin* betont allerdings, daß man vor einer »Primitivreaktion« zu stehen vermeint, in der heftige Affektwirkungen mit dem gewöhnlichen psychischen Instrumentarium nicht bewältigt werden können. So schildert er u. a. den Fall eines 20jährigen Mädchens, das von seinem Liebhaber verlassen worden war: an den harmlosen Zärtlichkeiten, die zwischen den beiden stattgefunden hatten, knüpfte eine Syphilidophobie an mit ausgeprägten (kompensatorischen) Wahngedanken, die Züge von Beeinträchtigungsangst zeigten. Das ganze Wahngeschehen dauerte bei Beruhigung und Pflege nicht mehr als 10 Tage und endete bei völliger Einsicht und Korrektur des Wahnes in Heilung.

Staehelin faßt seine Befunde folgendermaßen zusammen: »Unter Emotionspsychosen sind psychotische Reaktionen auf Gemütserschütterungen zu verstehen, die akuten schizophrenen Psychosen sehr ähnlich sind, aber besonders durch den raschen Verlauf, sowie den oft besonders prompt einsetzenden Erfolg der Therapie sich von diesen unterscheiden. Eine schizophrene Heredität oder Anlage ist ebensowenig nachweisbar wie eine zu hysterischen Reaktionen disponierende Konstitution. In der Regel erliegen einer solchen Reaktion gemütsweiche Menschen in jugendlichem Alter oder im Beginn der Involutionszeit mit stark affizierbarem oder schon überreiztem vegetativem Nervensystem. Von Wichtigkeit ist die Art des emotionellen Erlebnisses: nicht erlebte eindeutige Lebensbedrohung, sondern erwartete Gefährdung von oft zwiespältigem Charakter, welche durch gegenseitige Steigerung psychischer und körperlicher (vegetativer) Faktoren zur Psychose führt. Bei Puerperal- und klimakterischen Psychosen, sowie bei sog. psychogenen Schizophrenien läßt sich die Bedeutung dieser emotionellen Erlebnisse besonders deutlich nachweisen« (S. 127/128).

Gerade diese letzte Bemerkung gibt uns Anlaß, wenigstens andeutungsweise auch die *Puerperalpsychosen* zu erwähnen. Diese wurden bekanntlich früher auf toxische und infektiöse Einflüsse während der Schwangerschaft und in der Post-partum-Periode zurückgeführt. Neuere Untersuchungen jedoch lehren (so z. B. *Edoardo Balduzzi*, »La psychose puerpérale«, in: Encéphale, 40. Jg., 1951), daß der psychische Schock des Geburtserlebnisses und die Beziehungen der Gebärenden zu ihrem Ehepartner, zu ihrer sozialen Umwelt und natürlich auch zum Kinde selbst eine entscheidende Rolle in der Ätiologie spielen können. Die Puerperalpsychose erfüllt damit alle Bedingungen, die von den meisten Autoren für die schizophrene Reaktion aufgestellt worden sind: dem Moment der physischen Erschöpfung mögen Schwangerschaft und Geburt entsprechen; das psychische Trauma ist in der charakterlichen Pathologie der Gebärenden, in ihrer psychischen Vorbereitung auf die Geburt und den sozialen Folgen derselben (etwa auch die Ächtung im Falle unehelicher Schwangerschaft) zu suchen.

Mehr am Rande unserer Untersuchung stehen jene Arbeiten, die sich mit den Problemen der »Depersonalisation« und dem »Entzug der Sinneseindrücke« befassen. Aus der Fülle vorliegender Publikationen greifen wir zwei heraus, da wir der Meinung sind, daß sich auch von diesen Spezialgebieten her Zugänge zu unserer Fragestellung eröffnen. Unter dem Titel »Sensory deprivation and schizophrenia: some clinical and theoretical similarities« (The americ. Journal of Psych., Vol. 116, 1959) erörtert *Norman Rosenzweig* die Folgen der »sensory deprivation« auf den psychischen Gesamtzustand. Manche Beobachter haben festgestellt, daß der Ausfall sensorischer Reize Irritationen hervorruft, die mitunter den schizophrenen Zustandsbildern ähneln. Solche Befunde — mit Denkstörungen, Halluzinationen und paranoiden Ideen — erhob der Verfasser z. B. bei Soldaten, die ein Übermaß von einsamer Wache auf sich nehmen mußten. In einem anderen Falle trat eine Art Paranoia bei einer Patientin auf, die infolge einer Augenoperation längere Zeit die Sehfunktion nicht betätigen konnte: als dies wieder möglich war, löste sich die Psychose schlagartig wieder auf. Über vorübergehende schizophrenieähnliche Zustände sollen nach dem Autor auch Polarforscher *(Byrd)* und Segler beim Traversieren des Ozeans *(Bombard)* sowie Gefangene in längerer Einzelhaft berichtet haben: die hierbei eintretende Vereinsamung ist offenbar ein psychisches Trauma, das das Selbstwerterleben gewaltig erschüttert und der aufsteigenden Daseinsangst die Form von Panik verleiht. Die »sensory deprivation« läßt die Gedankenprozesse von ihrer sonstigen kommunikativen Ebene auf diejenige des Autismus herabsinken; sie führt zu Regressionen, in denen der Realitätssinn herabgesetzt ist und Halluzinationen auftreten: die hierbei auftretende Symptomatologie gleicht nach *Rosenzweig* der schizophrenen viel mehr als die sog. »Modellpsychosen« mit Meskalin und LSD. Über die anatomischen Auffassungen des Autors hinsichtlich dieses Geschehens wollen wir uns nicht auslassen: sie scheinen uns sehr in die Nähe dessen zu geraten, was *Kretschmer* »Hirnmythologie« nannte. Aber die Beziehung zwischen »sensory deprivation« und Schizophrenie hat u. E. einen tiefen Sinn: man darf dem Autor beipflichten, wenn er sich von solchen experimentellen Untersuchungen weiteren Gewinn verspricht.

Über »Depersonalisation« ist schon unendlich viel geschrieben worden: den Symptomkomplex haben bekanntlich *Krishaber* und *Dugas* (1872, 1887) erstmals zur Diskussion gestellt. Später hat die Psychoanalyse hierüber wichtige Beiträge geliefert. Den meisten Forschern ist aufgefallen, daß die Depersonalisation sowohl im Gefolge von organischen als auch psychogenen Störungen auftreten kann. Sie findet sich bei den

Psychosen und im Normalleben bei emotionellen Schocks und physischer Erschöpfung. Ist sie ein unspezifisches Syndrom oder eine wohldefinierte Krankheitsform?

Wie *Iago Goldstein* in »On the etiology of depersonalisation« (The journ. of Ment. and Nerv. disease, Vol. 105, 1947) beschreibt, haben die Patienten das Gefühl eines Verlustes, einer Veränderung, einer Degradierung ihrer Persönlichkeit. Das Verständnis für diese Störung könne im Prozeß der »Personalisation«, d. h. in der Dynamik und Funktion des Ich überhaupt gefunden werden.

Goldstein definiert das Ich in psychoanalytischer Sicht in seiner Vermittlerrolle zwischen ES und ÜBER-ICH, zwischen Trieb und sozialer Forderung. Wenn die integrative Funktion des Ich gestört ist, so fühlt das Individuum dies unter spezifischen Bedingungen als einen »Ichverlust«: fast jedes psychopathologische Bild enthält zumindest Andeutungen dieses Aspektes der Depersonalisation. In ihrer ausgeprägten Form ist die Depersonalisation charakterisiert durch ein stark verändertes Welt- und Ich-Erleben, zugleich mit dem Bewußtsein, daß es »früher anders war«. Der Autor hält dafür, die Depersonalisation »könnte regelrecht beschrieben werden als eine milde Form von Schizophrenie. Der grundlegende Mechanismus und ein Großteil der Symptomatologie sind ähnlich oder doch gleichartig« (S. 30).

Krankheit, Intoxikation, Erschöpfung und psychische Traumen können den Depersonalisationsprozeß — bei zumeist klugen und lebenstüchtigen Patienten — auslösen, indem sie die Ichintegration empfindlich schwächen. Auch Lebenskrisen (Pubertät, Klimakterium etc.) sind als wirksame Faktoren zu bezeichnen. Bei manchen Menschentypen setze die Depersonalisation ein, wenn ihre infantil gebliebenen Wünsche durch das Leben in akut-traumatischen Situationen evoziert werden und dennoch unerfüllt bleiben. Der Autor sieht im Depersonalisations-Patienten ein Spiegelbild des Schizophrenen; auch vermutet er Beziehungen zu *Janets* »psychasthenie« und »automatisme psychique«. Der Automatismus bei der Depersonalisation sei darauf zurückzuführen, daß sich der Patient seiner selbst so entfremdet fühlt, daß er sich »selber zusieht«, seinen Denkakt und sein Fühlen als nicht zu sich selbst gehörig empfindet.

Zum Abschluß unserer Literatur-Übersicht wollen wir noch auf die Arbeit von *K. Rohr* »Beitrag zur Kenntnis der sog. schizophrenen Reaktion — Familienbild und Katamnesen« (Archiv f. Psych. u. Zschr. f. d. ges. Neur., 201, 1961) eingehen. Diese Untersuchung aus dem »Burghölzli« vereinigt ein ansehnliches Fall-Material mit sorgfältig überprüfter katamnestischer Verifikation, so daß aus ihr wertvolle Schlüsse gezogen werden können.

Rohrs Untersuchungsgut umfaßt 29 Patienten (neben einer zweiten, kleineren Gruppe, die vor allem zur Darstellung des Familienbildes herangezogen wurde), die die Kriterien für die Diagnose einer schizophrenen Reaktion erfüllten. Ungefähr zwei Drittel dieser Probanden sollen in ihrer präpsychotischen Persönlichkeit einen »schizoiden« Aspekt dargeboten haben, zwei Probanden ließen sich unter »Psychopathie« einordnen, indes rund ein Viertel der Gesamtzahl als unauffällige Persönlichkeiten galten. Daraus kann abgeleitet werden: »Wie Schizophrene sind auch unsere Kranken prämorbid häufiger schizoid als der Durchschnittsbevölkerung entspricht; sie erscheinen aber prämorbid seltener schwer psychopathisch als Schizophrene« (loc. cit., S. 630).

Fast alle Erkrankungen wurden nach *Rohr* durch psychotraumatische Situationen ausgelöst oder wesentlich mitbedingt. Es handelt sich hierbei um alle möglichen Erlebnismodifikationen, die von den betroffenen Persönlichkeiten immer als gravierend empfunden wurden. Vor allem Schwierigkeiten affektiver Art, die die mitmenschlichen Beziehungen der Kranken in Frage stellten oder grundlegend veränderten, scheinen dominierend zu sein: »Unsere Kranken versagen, wenn das Schicksal eine innere Umstellung fordert, der sie nicht gewachsen sind, wenn ihnen allzu viel aufgebürdet oder ein notwendiger innerer Halt geraubt wird« (S. 630). Auch die somatischen Faktoren — Erkrankung, Schlafmangel, Erschöpfung etc. — ließen sich in *Rohrs* Fällen überwiegend nachweisen. Mit Recht vermutet der Autor, daß die körperliche Schwächung immer auch die seelische Widerstandskraft beeinträchtigt und daher die Verarbeitungsfähigkeit in bezug auf traumatische Erlebnisse herabzusetzen imstande ist.

Die Symptomatologie und der Verlauf der akuten psychotischen Phase soll nach *Rohr* nicht in entscheidender Weise von der eigentlichen Schizophrenie abgrenzbar sein. Er fand schizophrene Zustände mit katatonen, hebephrenen und paranoiden Zügen, in drei Fällen oneiroide Bilder, bei vier Patienten depressiv gefärbte Symptomatik. Von differentialdiagnostischer Wichtigkeit wurde schließlich in erster Linie der Umstand, daß die Erkrankungen sehr rasch abklangen: die Hospitalisationsdauer betrug lediglich zwischen fünf Tagen und dreieinhalb Monaten. In therapeutischer Hinsicht wurden Psychotherapie, sedative Medikation, Elektroschocks, Insulinkuren und Neuroplegica angewendet.

Beim »Familienbild« fand der Autor ähnlich wie bei der präpsychotischen Persönlichkeit eine Mittelstellung seines Erfahrungsgutes zwischen Normalität und Schizophrenie; in Übereinstimmung mit *B. Schulz, Welner u. Strömgren* läßt sich feststellen, daß die Schizophrenieerwartungen bei Eltern und Geschwistern von Patienten mit »schizophrener Reaktion« geringer ist als bei Eltern und Geschwistern von Schizophrenen.

Die katamnestische Untersuchung (wobei die meisten Fälle über 6 bis 11 Jahre verfolgt werden konnten) ergab, daß von 29 Patienten später nur zwei an einer sicheren Schizophrenie erkrankten. Bei fünf Patienten schloß sich an die schizophrene Reaktion eine länger dauernde Störung des seelischen Gleichgewichts an, die zu gelegentlichem Wiederaufflackern der psychotischen Erregung überleitete. Drei Patienten erkrankten in anderen Zusammenhängen wieder an schizophrenen Reaktionen. Mehr als die *Hälfte der Fälle* jedoch scheint außer der psychotischen Episode störungsfrei geblieben zu sein.

Aufschlußreich ist des weiteren, daß die Persönlichkeitsentwicklung der Probanden offensichtlich durch die Erkrankung — in fast allen Fällen — nicht aufgehalten oder gar »geknickt« worden ist. Berufliche Bewährung und Eheschließung darf man als diagnostische Kriterien gelten lassen: in nahezu allen Fällen konnten die Patienten ihre berufliche Position wahren oder weiterentwickeln. Es mag auch überraschend sein, daß ein Teil der Probanden ihre Erkrankung rückblickend recht positiv bewerteten: sie hätten dadurch an Reife und Klarheit zugenommen.

Zusammenfassend äußert sich *Rohr* über die seltsamen Aspekte der schizophrenen Reaktion folgendermaßen: »Die schizophrenen Reaktionen zeigen ein rätselhaftes Doppelgesicht. Ihre Entstehung aus einer psychotraumatischen Situation und die rasche Heilung charakterisieren sie als reaktive psychogene Störungen. Der Symptomatologie nach lassen sie sich aber wiederum nicht unterscheiden von den echten Schizophrenien. Welches ist nun die Bedeutung dieses Krankheitsbildes?

Hier stehen wir vor einer der großen grundsätzlichen Weichenstellungen in unserem psychiatrischen Denken: Entweder nehmen wir an, daß es sich bei den psychoreaktiv verständlichen Psychosen um etwas grundsätzlich anderes handelt als bei den »endogenen«, daß nur eine äußerliche Symptomähnlichkeit bestehe, aber keine Wesensverwandtschaft; oder wir vermuten umgekehrt: an diesen Fällen, die sich symptomatologisch nicht von einer Schizophrenie unterscheiden, erlebe man deutlich jene Zusammenhänge mit dem emotionellen Leben, die versteckter bei jeder Schizophrenie vorhanden wären. Schizophrene Reaktionen wären dann Musterbeispiele für die Entstehung der Schizophrenie. Sie riefen dazu auf, bei allen schizophrenen Erkrankungen besser als bisher nach äußeren Ursachen zu forschen und ihnen mehr Gewicht zuzuschreiben, als dies die Auffassung der Schizophrenie als »endogene« Störung nahelegt« (S. 645).

*

Damit sind wir am Ende unserer Literatur-Übersicht über die schizophrene Reaktion angelangt. Aus der Mannigfaltigkeit der vertretenen Standpunkte ergibt sich ein reiches und vielfältiges Bild, das nur schwer unter umgreifenden Gesichtswinkeln geordnet werden kann. Das offenbar von fast allen erwähnten Autoren anvisierte Krankheitsbild der schizophrenen Reaktion ist uns unter den verschiedensten Namen entgegengetreten: um die von *M. Bleuler* so nachdrücklich hervorgehobene Gefahr einer babylonischen Sprachverwirrung in der Psychiatrie zu vermeiden, scheint es uns geboten, an dieser Stelle die oben ausführlicher rekapitulierten Lehren nun noch summarisch wiederzugeben; wir begegneten dem Problem der pseudo-schizophrenen Erkrankung unter folgenden Bezeichnungen:

a) Schizothymia reactiva *(M. Bornstein)*
b) psychogene Störungen in sprachfremder Umgebung *(R. Allers)*
c) Homosexual panic *(E. J. Kempff, B. S. Glick)*
d) Schizophrener Reaktionstypus *(E. Popper)*
e) schizophrene Reaktion *(E. Kahn)*
f) primitiver Beziehungswahn *(K. Schneider)*
g) psychose réactionnelle *(C. J. Urechia)*
h) Primitivreaktion *(E. Speer)*
i) schizophreniform states *(Langfeldt, Meduna)*
k) psychasthénie de type pseudoschizophrénique *(Delmas-Marsalet, Lafon, Faure)*
l) Oneirophrenia *(Meduna)*
m) Emotionspsychose (französische Autoren, *J. E. Staehelin*)
n) Puerperalpsychose
o) sensory deprivation *(N. Rosenzweig)*
p) Depersonalisation *(Krishaber, Dugas* u. a.)

Wie leicht ersichtlich ist, bestehen zwischen den Auffassungen der Autoren sowohl Übereinstimmungen als auch Gegensätze hinsichtlich der Natur und der Genese des von ihnen dargestellten Krankheitsbildes: aber die meisten sind sich darüber im klaren, daß man bei der Erörterung der schizophrenen Reaktion nicht um die Diskussion des Schizophrenieproblems überhaupt herumkommt. Es scheint ein geheimes Band zwischen den beiden Krankheiten zu bestehen: das Rätsel der einen läßt sich nicht lösen, ohne daß man dasjenige der anderen gleichfalls zu lösen versucht. Aber die meisten Autoren verzagen angesichts der »schizophrenen Sphinx«, die seit Jahrzehnten als ein monströses Phänomen am Wege der psychiatrischen Forschung liegt und deren Rätselfrage niemand entgehen kann. Der Spruch der Sphinx lautete bekanntlich: »Es ist am Morgen vierfüßig, am Mittag zweifüßig, am Abend dreifüßig. Von allen Geschöpfen wechselt es allein mit der Zahl seiner Füße; aber wenn es die meisten Füße bewegt, sind Kraft und Schnelligkeit seiner Glieder am geringsten.« Viele hatten ausgeklügelte Thesen und Theorien zur Beantwortung dieser Frage vorgebracht, aber niemand war auf die einfache Antwort des *Ödipus* gekommen, daß der Sinn dieses Rätsels der Mensch sei. Sollte auch hinter den absurden und pathologischen Manifestationsweisen des schizophrenen Wahnes nichts anderes als der Mensch (und die menschliche Natur) stehen? Zeigt sich in der schizophrenen Reaktion lediglich der »Bodensatz« menschlicher Reaktionsmöglichkeiten, der immer aufgewühlt werden kann, sobald alle übrigen Schutz- und Sicherungsmechanismen versagt haben?

Die tiefenpsychologisch inspirierte Psychiatrie hat sich heute weithin dieser Annahme angeschlossen. Vielleicht am ausgeprägtesten wird dieser Gedanke gegenwärtig vertreten in der Lehre von *H. S. Sullivan* und der »Washington School for Psychiatry« (*F. Fromm-Reichmann, Hill, Thompson* u. a.). Wir glauben deshalb, daß es zur Klärung unseres Problems beitragen kann, wenn wir die Anschauungen *Sullivans* eingehend darstellen: dieser Aufgabe ist unser drittes Kapitel gewidmet.

III. Die schizophrene Reaktion »the missing link«
zwischen Neurose und Psychose?

Die Lehre von H. S. Sullivan

Als *Charles Darwin* im 19. Jahrhundert seine berühmt gewordenen Hauptwerke »On the origin of species« (1859) und
»The descent of man« (1871) veröffentlichte, gab er den Na-
tur- und Humanwissenschaften Anregungen, die die Forschung noch bis auf den heutigen Tag weitgehend bestimmen.
Vor allem sein kühner Vorstoß hinsichtlich der Abstam-
mungslehre des Menschen hat unzähligen dogmatischen und
überholten Vorstellungen, die sich dem Aufstieg des wissen-
schaftlichen Geistes hindernd in den Weg stellten, ein Ende
bereitet: durch die Einordnung des Menschen in das Natur-
reich vollzog sich eine Revolution des biologischen und sozialen Denkens, deren Auswirkungen nicht hoch genug einge-
schätzt werden können. Ähnlich wie die Auffassungen des
Kopernikus den Untergang des mittelalterlichen Weltbildes
besiegelten, enthielt *Darwins* Theorie jene fruchtbaren Keime,
aus denen sich schönste Blüten der modernen wissenschaft-
lichen Weltanschauung entwickeln konnten. Der Widerstand
allerdings, der diesen Auffassungen entgegengesetzt wurde,
erinnert uns daran, daß jedem Stück Fortschritt an den Bastio-
nen des Vorurteils zunächst Einhalt geboten wird: die Opposi-
tion versteifte sich damals hauptsächlich darauf, daß die Her-
kunft des Menschen von einem affenähnlichen Vorfahren ab-
surd und der menschlichen Würde widersprechend erschien.
Die hochgemuten Bekenner der menschlichen Sonderstellung
innerhalb der Natur forderten gebieterisch, man solle den
Nachweis liefern, daß zwischen Affe und Mensch Übergangs-
stufen bestünden: es galt für sie als ausgemacht, daß solche
Übergänge nicht existierten.
In jener Zeit zogen die Archäologen und Anthropologen aus,
um »the missing link« zu suchen, nämlich jene vorzeitlichen
Menschentypen, denen eine mittlere Position zwischen Tier
und menschlicher Existenz zugeschrieben werden konnte: und
der Erfolg krönte ihre Bemühungen! Wir knüpfen an diese
Tatsache an, weil wir der Meinung sind, daß sich vielleicht
heute in der Psychiatrie etwas Ähnliches abspielt. Die neue-
sten Auffassungen in der psychiatrischen Forschung tendieren
darauf, die Ergebnisse der Tiefenpsychologie zu assimilieren:

gerade die Schizophrenielehre ist in dieser Beziehung beispiel-
haft. Aber der Versuch, psychogenetische Ableitungen in die
Psychosentheorie einzuführen, begegnet der hartnäckigsten
Skepsis der »Hereditarier«, »Konstitutionalisten«, »Metabo-
listen« und (sit venia verbo) »Endogenologen«: sie alle
möchten »the missing link« zu sehen bekommen, welches von
den psychoreaktiven Störungen zur psychotischen Symptomatologie hinüberführt. Unsere Arbeit vertritt nun, wie wir bereits weiter oben angedeutet haben, den Standpunkt, daß die
»schizophrene Reaktion« das gesuchte Mittelglied zwischen
den neurotischen und den psychotischen Zustandsbildern darstellt: an ihr läßt sich ablesen, daß evtl. die ganze Traumato-
logie der Psychosen, die uns vorderhand noch als völlig rätselhaft imponiert, einer zukünftigen »mikropsychologischen«
(H. Schultz-Hencke) Untersuchungstechnik als »einfühlbar«
und »verständlich« erscheinen mag. Wir hegen die Überzeugung, daß sich gerade bei der Erforschung der »schizophrenen
Reaktion« für die Psychiatrie ein Tor öffnen kann, welches
Einlaß gewährt in die sonst fast unzugänglichen Verborgen-
heiten der schizophrenen Psychose.

In der psychiatrischen Literatur der Gegenwart haben wir
diesen Gesichtspunkt am umfassendsten und systematischsten
dargelegt gefunden im Werke von *H. S. Sullivan.* Wir unternehmen es daher, in diesem Kapitel *Sullivans* Gedankenwelt
in großen Umrissen zu skizzieren; das Material, worauf wir
uns hierbei stützen, sind die bei Lebzeiten und posthum erschienenen Werke unseres Autors (»Conceptions of Modern
Psychiatry«, 1946; »The Interpersonal Theory of Psychiatry«,
1953; »The Psychiatric Interview«, 1954; »Clinical Studies in
Psychiatry«, 1956) sowie die Publikationen von *F. Fromm-
Reichmann, L. Hill, Th. Lidz* u. a. und die Jahrgänge der von
Sullivan gegründeten und lange Zeit herausgegebenen Zeit-
schrift »Psychiatry — Journal for the Study of Interpersonal
Processes«.

Um *Sullivans* Schizophrenielehre zu verstehen, muß man
seine allgemeine psychiatrische Theorie kennen. Diese ist aus
einer Verschmelzung der Psychoanalyse und der Tradition der
amerikanischen Psychiatrie hervorgegangen; als seine eigentlichen Lehrer nannte *Sullivan Adolf Meyer* (dessen »Psycho-
biologie« davon ausging, daß jedes menschliche Verhalten in
Gesundheit und Krankheit eine Antwort und versuchte Lösung der Lebensfragen bedeute) und *W. A. White* — daneben
hat er sich aber offenbar auch durch die tiefenpsychologische,

sozialpsychologische, ethnologische, biologische und erkenntnistheoretische Forschung weitgehend bestimmen lassen. Auf
einem solchen Fundament aufbauend, erschien ihm die Psychiatrie als die Grundlage aller Sozial- und Humanwissenschaften. Für ihn war sie eine Wissenschaft, eine Kunst und
ein technisches Verfahren, mit deren Hilfe das Leben der
Menschen unter den Menschen untersucht werden konnte.
Institutionen, Sitten, Gebräuche, Konventionen etc., beschrieben als Kulturkomplex oder Sozialordnung, gehören ebenso
sehr zu ihrem Interessengebiet wie der gesunde und der
kranke Einzelmensch. Im Brennpunkt ihrer Bemühungen jedoch stehen jene Beiträge, die den Menschen als Person unter
Personen darstellen, d. h. die ausdrücklich von den Problemen
der Zwischenmenschlichkeit ausgehen. Nach *Sullivan* ist der
Mensch nicht ein selbstgenügsames »Individuum«, das nach
Lust und Laune oder Bedürfnis gelegentlich auch soziale Beziehungen mit der Umwelt aufnehmen kann: Menschsein ist
definitionsgemäß ein zwischenmenschlicher Tatbestand, eine
dynamische und unaufhörliche Auseinandersetzung des Menschen mit seiner mitmenschlichen Umgebung. Nur aus ihrem
zwischenmenschlichen Verhalten, sei dieses gesund oder
krank, läßt sich eine menschliche Persönlichkeit angemessen
beschreiben. Aus diesem Grunde war *Sullivan* auch der Meinung, daß das wichtigste Forschungsinstrument der Psychiatrie die »teilnehmende Beobachtung« (participant observation)
sei: nur indem der Psychiater mit seinem Patienten in eine
echte zwischenmenschliche Beziehung eintritt, kann er sinnvolle Beobachtungen machen; die vielgerühmte »Objektivität« früherer Epochen, hinter der oft Beziehungslosigkeit
stand, ergibt Resultate, denen sich nie das Herzstück einer
krankhaft veränderten Lebensform erschließt.
Sullivan beschrieb das menschliche Verhalten in den Begriffen der »Feldtheorie«, d. h. an Stelle isolierter Individuali-
täten sah er »zwischenmenschliche Felder«, in denen sich
menschliche Beziehungen abspielen. Alle menschlichen Lebensäußerungen und Bedürfnisse sind »interpersonell«; sie
benötigen von frühester Kindheit an die Partnerschaft, die
ihnen Maß und Richtung gibt.
Viele Grundbegriffe *Sullivans* lassen sich aus dem »Entwicklungsprinzip« ableiten. Dieses gibt Antwort auf die Frage, wie
der Mensch zu einer Person wird, wie er sich an das Leben in
einer sozialen Organisation anpaßt. Im Grunde wird der
Mensch als ein Tier geboren. Kurz nach der Geburt beginnt
der Prozeß, der dieses »Tier« in einen Menschen verwandeln

soll. Dies ist nur möglich infolge des hochentwickelten Integrationsapparates (Nervensystem), welcher in besonderer Weise Auge und Hand, Sprechen und Hören sowie auch alle anderen Sinnesleistungen zu koordinieren vermag. Das spezifisch Menschliche am Menschen liegt jedoch nicht in der biologischen Ausstattung begründet. Diese erhält erst ihre Gestaltung durch das kulturelle Milieu, das an Prägekraft die hereditären Elemente bei weitem überragt. Nach *Sullivan* sind die großen Verschiedenheiten der Menschen auf ihre verschiedenartigen Umwelterfahrungen zurückzuführen. Die Kultur, in der einer aufwächst, bestimmt größtenteils die Möglichkeiten und Unmöglichkeiten seines Lebens: von ihr hängen auch alle Erfahrungen ab, die ein Individuum im Laufe seines Lebens machen kann.

Das »Entwicklungsprinzip« formuliert Phasen der Menschwerdung, die nicht durch triebhafte Vorgänge, sondern durch zwischenmenschliche Prozesse bestimmt sind. Von der Geburt bis zum Erwachsenenalter durchläuft das Menschenkind in unserer westlichen Kultur nach *Sullivan* sieben Reifungsstadien, wobei das Schicksal der einzelnen Reifungsschritte — vom Verständnis und vom Verhalten der Umwelt abhängig — zutiefst den Charakter der werdenden Persönlichkeit formt. Es handelt sich um folgende Phasen:

1. Das *Säuglingsalter* reicht von der Geburt bis zum Anfang der Sprachentwicklung. In dieser Zeit besteht eine »symbiotische Beziehung« zur »bemutternden Person« (the mothering one), wobei Kind und Mutter durch ein starkes emotionelles Band miteinander verbunden sind. Dieses bewirkt unmittelbaren Gefühlskontakt im Sinne einer »Empathie«: gleichsam durch Gefühlsansteckung übertragen sich die Gefühle der Mutter auf den Säugling, der in einer Art »Einsfühlung« (*Max Scheler*) mit der mütterlichen Person, von deren Pflege und liebevoller Wartung sein Leben abhängt, zu einer »Dual-Union« heranwächst.

2. Anschließend an diese Phase dauert die *Kindheit* bis zum Beginn des Schulalters. Das Kind absolviert hierbei ein gewaltiges Entwicklungspensum, innerhalb dessen dem Spracherwerb und dem sozial angepaßten Verhalten entscheidende Bedeutung zukommt. Das Kleinkind benützt zunächst eine autistische Sprache, d. h. eine Sprache mit Symbolen, die nicht allgemeingültig, sondern »privat« sind. Dies entspricht seinem nur teilweise ins Gesellschafts- und Kulturleben einbezogenen Status, für den exakte Mitteilungsformen entbehrlich sind, da die Mutter und die kleinere Umwelt mehr oder min-

der auf die autistische Sprache eingehen. Das kommunikative Sprechen ergibt sich erst aus der Erfahrung allgemeingültiger Wortbedeutungen: das Kind lernt das richtige Wort für Sachen und Situationen. Das Hineinwachsen in die Menschenwelt ist wesentlich bestimmt durch Geschicklichkeit im Symbolgebrauch und -verständnis. Im späteren Leben kehrt das Individuum zu den autistischen Gedankenprozessen in seinen Träumereien, in Fehlleistungen, in neurotischen Symptomen und in der schizophrenen Erkrankung zurück.

3. Die *Jugendperiode* erstreckt sich vom Schulanfang bis zum 11.—13. Lebensjahr. Dies ist nach *Sullivan* die Phase, in der der Mensch sozial und zur Freundschaft fähig wird. Durch die Kontaktaufnahme mit Gleichaltrigen (aber auch Lehrern und anderen Erziehungspersonen) können viele Begrenzungen und Besonderheiten des Elternhauses ausgeglichen werden; manche Exzentrizitäten, die das Kind im Familienkreis angenommen hat, werden durch angepaßtere Verhaltensweisen ersetzt. Schulgemeinschaft und Kameradschaft gewinnen großen erzieherischen Einfluß. Der Jugendliche lernt soziale Unterordnung sowie auch soziale Einfügung. Sein sozialer Horizont — hinsichtlich möglichen Verhaltens und der Lebensformen — weitet sich aus. Bedeutsam ist hierbei, daß nunmehr die Eltern, welche in der Kindheit noch in übermenschlicher Dimension erscheinen, auf ein geringeres Format — Leute wie die anderen — reduziert werden. Dies kräftigt den Realismus des Jugendlichen und kann ihm u. U. dazu verhelfen, mißliche Einflüsse seines Erziehungsmilieus einigermaßen abzuschwächen.

4. In der anschließenden *Präadoleszenz* beginnen neue Bedürfnisse ins Leben einzutreten. Das Wichtigste davon ist das Verlangen nach einem engen Freund des gleichen Geschlechtes. Hier setzt nach *Sullivan* erstmals die Liebe ein: der Freund bekommt für den Freund dieselbe Relevanz wie er selbst — eine Beziehung, die es zuvor kaum gibt, da das Kind den Eltern gegenüber selten die Initiative des Liebens und Fürsorgens entfaltet und eher der »Empfänger« bleibt. Nach *Sullivan* ist erst nach dem 8. Lebensjahr solche liebende Beziehung festzustellen.

Liebe ist demnach ein Produkt der Präadoleszenz: sie ist eine Art integrativer Tendenz, die auf persönliche Nähe und Vertrautheit gerichtet ist. Sie hat zunächst nichts mit Sexuellem zu tun und muß auch im späteren Leben nicht sexuelle Beimengungen haben. Intimität bedeutet in diesem Sinne nur eine Situation zwischen zwei Menschen, die ihnen eine möglichst vollständige Selbstverwirklichung gestattet. Dies beinhaltet eine gewisse Kollaboration, d. h. Anpassung unseres eigenen Verhaltens an die Bedürfnisse des anderen, wobei in wachsendem Maße wechselseitige Befriedigung und Sicherheit angestrebt wird.

5. In der *frühen Adoleszenz* (Pubertät), im Alter von 13 bis 15 Jahren, bricht die Sexualität in die Persönlichkeitsentwicklung ein. Es bildet sich ein echtes Sexualinteresse, das später zur Ausbildung des sexuellen Verhaltens führt. Eine Körperzone, die früher nur mit der Exkretion zu tun hatte, wird nun für die persönliche Intimität bedeutsam. Diese Neuerung wird sichtbar im Erlebnis des sexuellen Orgasmus: dabei treten Spannungen auf, die als Lust erlebt werden. Lust ist die gefühlte Komponente integrierender Tendenzen der Genitalzone, und die wechselseitig gesteigerte Erregung genitaler Art kulminiert im Orgasmus.

Sullivan betont, daß Lust und Intimität nicht notwendig zusammenhängen. Sie sind getrennte Bedürfnisse, können und sollen aber in der geschlechtlichen Liebe gemeinsam befriedigt werden.

6. Die *Spätpubertät* (17.–25. Jahr) oder *Adoleszenz* ändert das Objekt des Intimitätsverlangens. Es wird nun nicht mehr eine Wahl der Gleichartigkeit, sondern der Verschiedenartigkeit getroffen. Der Geschlechtstrieb und die wachsende Reife geben hierzu den Anstoß. Das Interesse für das andere Geschlecht tritt in Erscheinung.

Diese Veränderung im Jugendlichen stößt in unserer Kultur auf starke Widerstände und Barrieren. Die Zuwendung zum anderen Geschlecht kann nicht so vorbehaltlos erfolgen wie diejenige (vorher) zum eigenen.

Je nach der entwicklungsmäßigen Vorbereitung auf diese Problematik entstehen nun Kollisionen zwischen Lust, Sicherheit und Intimitätsbedürfnis. Die »Sexualphobie« unserer Kultur schafft unzählige Komplikationen, an denen viele Jugendliche scheitern. Die volle Integration des Sexualtriebes ist eher ein Desiderat als eine Realität: die Zahl der Möglichkeiten sexueller Fehlentwicklung ist unsäglich groß, was mit der unbeholfenen und allgemein verdrängenden Sexualerziehung zusammenhängt.

Der Aufbau reifer zwischenmenschlicher Beziehungen ist ebenfalls Aufgabe der Spätpubertät. Lernprozesse aller Art, Umgang mit der Welt, Berufsschulung, Gedankenaustausch usw. vollenden ein Stück Erziehung, vorzüglich durch Ausweitung der Interessen, wobei Gelegenheit geboten ist, die eigenen Begrenzungen zu überwinden. Persönliche Verhaltensmuster können — unter günstigen Umständen — mit allgemeingültigen verglichen und abgeändert werden. Die Integration des Menschen in die Gesellschaft kann sich vollziehen. Die Übernahme einer verantwortlichen Lebensführung gibt dem Leben Ziel und Richtung.

7. Die *Reife* ist dann erreicht, wenn die seelische Entwicklung in eine Haltung des Mutes und der Verantwortlichkeit einmündet. Selbstachtung ist wohl eines der sichersten Zeichen eines wohlgefügten Persönlichkeitsaufbaues. *Sullivan* erinnert daran, daß Achtung gegenüber anderen nur aus der Selbstachtung erwächst, resp. daß eines ohne das andere nicht sein kann. Geringschätzung oder Mißachtung anderer ist immer ein Ausdruck eigener Schwäche und Selbstverachtung. Wer sich selber anerkennt, wird weniger Mühe haben, andere anzuerkennen. Menschliche Reife liegt nach *Sullivan* darin, Sensibilität für die Bedürfnisse anderer zu entwickeln, Einsicht in die eigenen Fähigkeiten und Grenzen zu erhalten und durch wachsende Erkenntnis und Bemühung an der Lösung persönlicher und allgemeinmenschlicher Aufgaben zu arbeiten.

In den Rahmen dieses weitgespannten Entwicklungsschemas trägt *Sullivan* feinere Details ein, die eine außerordentlich subtile Theorie des menschlichen Seelenlebens ergeben. Diese ist im wesentlichen *empirisch* orientiert: sie sucht nach Möglichkeit spekulative Postulate zu vermeiden, wenn sie auch neben der Beschreibung des Beobachtbaren sparsam von hypothetischen Annahmen Gebrauch machen muß. In diesem Sinne verzichtet *Sullivan* auf den Libidobegriff, der ihm allzu sehr theoretisch belastet erscheint; er schildert die Lebensvorgänge einfach als funktionelle Aktivität und Organisation. Der Lebensprozeß selbst, in seinen biologischen und psychischen Aspekten, ist »funktionelle Aktivität«; »Organisation« ist die Art, wie sich Organisches (Lebendiges) mit seiner Umwelt und seinem (inneren) Leben auseinandersetzt. Eine solche Auseinandersetzung geschieht immer in Form von »Dynamismen«, d. h. in Vorgängen, in denen Bedürfnisse, Spannungen und Entspannungen auftreten. Die Dynamik psychischer Prozesse kann nur verstanden werden, wenn man begreift, durch welche Bedürfnisse sie angetrieben und durch welche Hemmungen sie am Erreichen ihres Befriedigungszieles verhindert werden.

Aber auch hier müssen theoretische Konzepte eingeführt werden, um zu einem tieferen Verständnis zu gelangen. Die Grundbedürfnisse des Menschen ordnen sich nach zwei großen Motiven ein: die *biologischen* Erfordernisse (Nahrung, Pflege, Schlaf, Sexualität etc.) streben nach *Befriedigung*, indes die Gesamtpsyche auf das *Gefühl der Sicherheit* ausgerichtet ist. Sicherheit oder Angstfreiheit ist identisch mit tragfähigen zwischenmenschlichen Beziehungen. Es ist für den Menschen ebenso lebenswichtig, mit anderen Menschen in harmonischem Austausch und in Wechselwirkung zu stehen wie für andere Organismen, mit ihrer spezifischen Umwelt (Luft, Wasser, Festland) in Kontakt zu bleiben. *Sullivan* vergleicht die Bedeutung der Mitmenschen für den Menschen mit derjenigen des Sauerstoffes für die atmenden Lebewesen.

Das Seelenleben oszilliert nach *Sullivan* zwischen den Polen der »Euphorie« und der »Spannung«. Euphorie bezeichnet ein Wohlbefinden des Organismus; Spannung ist hierzu das Gegenteil, ein unlustvoller, schwer erträglicher Zustand. Beide Erlebnisformen sind einander umgekehrt proportional: je größer die eine, desto geringer die andere. Euphorie ist ein Gleichgewichtszustand, dem sich der Organismus nur annähern, den er aber nie vollständig erreichen kann. Nur der Säugling in momentaner Bedürfnislosigkeit kommt ihr einigermaßen nahe. Sobald ein Bedürfnis auftritt, wird der biopsychische Organismus in Spannung versetzt. Hinsichtlich des Kleinkindes muß man sich vor Augen halten, daß es nicht imstande ist, seine Bedürfnisspannungen durch integrative Handlungen zu lösen. Es ist gänzlich darauf angewiesen, daß ein »mütterliches Wesen« sie ihm befriedigt.

Sullivan ist mit der Tiefenpsychologie der Auffassung, daß die Wurzel aller psychischen Störungen in frühen Kindheitserlebnissen zu suchen ist. Indes die Psychoanalyse jedoch im Zuge ihrer Neurosenforschung hauptsächlich die Spätkindheit (3.—6. Jahr) ins Blickfeld rückte, unternahm *Sullivan* zur Klärung der Psychosenfrage den Versuch, die Erlebniswelt des Säuglings und Kleinkindes zu verbalisieren. Seine diesbezüglichen Schilderungen sind von größter psychologischer und psychotherapeutischer Tragweite; wenn es wahr ist, daß die Psychosen einfach die »tiefergehende Regression« darstellen und also den Patienten auf ein Entwicklungsalter zurückfallen lassen, wo vernünftiges Denken und sprachliche Kommunikation noch nicht stattfanden, so muß der Schlüssel zum psychotischen Erleben in den seelischen Prozessen der frühen Kindheit liegen. Wir geben in der Folge Andeutungen von *Sullivans* »Säuglingspsychologie«, die seine luziden Ausführungen allerdings nur knapp resümieren können.

Will man sich in die Erfahrungsweise des Kindes versetzen,

so muß man sich daran erinnern, daß der Aufbau der Wahrnehmungswelt entscheidende Etappen durchläuft. Der Säugling hat zunächst noch keine zusammenhängenden Erlebnisse, sondern Momentanzustände seines Organismus, die kein Vorher und Nachher kennen. Er reagiert auf seine Umwelt in einer dumpfen und unklaren Weise: er spürt den Wechsel von Spannung und Euphorie und strebt in einem unbewußten Drang von der ersteren weg auf die letztere zu. Diese Art von unbewußtem (d. h. nicht verbalisiertem) Erleben nennt *Sullivan* »prototaktisch«: sie ist nicht anders strukturiert als etwa die Bewegung der Amöbe, die in ihrem Milieu auf Nahrungsgehalt, günstiges pH, Wärme und Licht hinzielt. — In einem späteren Entwicklungsstadium setzt die »parataktische« Erfahrung ein: diese hat sich bereits Gedächtnis und Voraussicht zunutze gemacht und verwendet vom Individuum selbst gebildete Symbole zur Auswertung von Eindrücken; entsprechend der unreifen Verstandesentfaltung sind diese Symbole sehr autistisch, subjektiv und durch affektive Regungen gefärbt. Daher sind alle Parataxien denkbar ungeeignet für die Realitätsorientierung, obwohl sie — ähnlich wie die Prototaxis — auch im Seelenleben des Erwachsenen (im Traum, in den Neurosen, in Vorurteilen, in Geisteskrankheiten etc.) eine erhebliche Rolle spielen. — Die Verwirklichung der emotionellen und verstandesmäßigen Reife bringt dann das Überwiegen der »syntaktischen« Erfahrungsmodi mit sich: das Individuum verwendet nun seine Symbole im Sprechen und Denken (vorwiegend) im kommunikativen Sinne, erstrebt »Bestätigung durch Übereinstimmung« (consensual validation) und hat sich damit in seine kulturelle Umgebung auf eine verstehende und verständliche Art eingefügt.

Sullivans ganze Entwicklungspsychologie des Kleinkindes formuliert prototaktische und parataktische Erfahrungsbestände in der Terminologie zwischenmenschlicher Wechselwirkungen. Wie bereits erwähnt, muß man sich die Beziehung zwischen Mutter und Kind als eine »Symbiose« vorstellen: wobei die Mutter zumeist allein die Bedürfnisbefriedigung für das Kind übernimmt. Zwischen den beiden Partnern dieses Verhältnisses besteht eine intensive Gefühlsbindung, die *Sullivan* als »Empathie« (Einsfühlung) bezeichnet: diese ist günstigenfalles derart beschaffen, daß die »Spannungsäußerungen im Kind auch Spannungen in der mütterlichen Person erzeugen, welche als Zärtlichkeit und Impuls zu Handlungen zur Bedürfnisbefriedigung des Kindes erfahren werden«. Das gewöhnliche Mittel, mit dem das Kind der Mutter seine Nöte mitteilt, ist das Schreien. Dieses entsteht zunächst reflexmäßig, erhält aber bald einen Mitteilungscharakter, da es dem Kinde auf eine für es unbegreifliche Weise Erleichterung verschafft. Der wechselnde Erfolg des kindlichen Geschreis (Herbeieilen oder Ausbleiben der Mutter) ist einer der ersten Ansätze zu einem »magischen Bewußtsein«, das mit völliger Irrationalität der Welt rechnet und durch »magische Praxis« deren Gang zu beeinflussen sucht.

Einer der wichtigsten Begriffe in *Sullivans* System ist derjenige der »Angst«. Hier handelt es sich um ein zwischenmenschliches Phänomen ersten Ranges. Der Mensch scheint von Natur für dieses aufwühlende Erlebnis sehr empfänglich zu sein — es ist aber auch für ihn so schmerzlich und sinnverwirrend. daß man fast alle psychischen Prozesse als Ausdruck von A. tabwehr beschreiben kann. Der Gleichgewichtszustand, in dem die Stimmen der Angst schweigen, wird von *Sullivan* »Sicherheit« genannt: wir haben bereits weiter oben darauf hingewiesen, daß er im wesentlichem mit harmonischen zwischenmenschlichen Beziehungen identisch ist.

Angst ist die schwerwiegendste Art von unlustbetonter Spannung, die wir kennen. Sie hat schon beim Kind den Charakter der Ausweglosigkeit und unterbricht alle Lebensäußerungen wie Schlucken, Saugen, jedes Verhalten überhaupt. Die mit ihr verbundene Fassungslosigkeit (beim Kleinkind äußerst ausgeprägt) bewirkt, daß Gedächtnis und Voraussicht aussetzen und so keine Verhaltensmuster aufgebaut werden können, durch die sie in Schach gehalten werden kann. »Wo immer Angst auftritt, neigt sie dazu, die Umstände, von denen sie hervorgerufen wurde, der Aufmerksamkeit zu entziehen« (*Conceptions*, S. 21).

Aus der Beziehung zur Mutter erwachsen dem Kinde seine schlimmsten Ängste. Wenn etwa die Mutter ängstlich oder lieblos oder ungeschickt ist, so überträgt sich Angst empathisch auf das Kind, welches diese als schwere und unentrinnbare Bedrohung empfindet. Dazu kommt, daß zwischen kindlicher und mütterlicher Angst häufig ein circulus vitiosus stattfindet: eine durch das kindliche Geschrei erregte Mutter kann die Angst zum Schrecken werden lassen. Diese Situation kann derart unerträglich werden, daß sie unbedingt aufgelöst (desintegriert) werden muß: dem kindlichen Spannungszustand wird seine verheerende Intensität genommen, indem sich das Kind durch »Apathie« oder »Somnolenz« von seiner Umwelt absondert. Es handelt sich hier um Sicherheitsdynamismen, die aus einem zutiefst unlustvollen Zustand in einen erträglichen — den Schlaf — überleiten. Häufen sich die Angstsituationen über ein durchschnittliches Maß, so kann Apathie zu einem Dauerverhalten werden, mit dem die kindliche Psyche die erschreckende Mitwelt von sich fernhält.

Nach *Sullivan* vollzieht sich die Wechselwirkung des kindlichen Organismus mit seiner Umwelt, resp. der Mutter, an bestimmten *Körperzonen*. Die »orale Zone« ist entwicklungsmäßig die erste, indem das Kind durch Schreien, Saugen, Schlucken und Atmen seinen Umweltskontakt aufrecht erhält. Viele Erfahrungen konzentrieren sich um diesen Bereich der Wechselwirkung, da hier ein großes Maß von funktioneller Aktivität — mit Voraussicht und Erinnerung — entfaltet wird. Die orale Erfahrungswelt ist psychopathologisch von höchster Bedeutung — es ist wichtig, sie genau zu kennen, weil der Psychotiker zu ihr hauptsächlich regrediert. — Später kommen die anale und die urethral-genitale Zone hinzu: die erzieherischen Einwirkungen prägen auch die Erfahrungen in diesen Sphären und bestimmen schicksalhaft darüber, inwiefern ihre Bedürfnisse in gesunde Funktion, Befriedigung oder Angst umgesetzt werden.

Für die Psychosentheorie ist die genaue Erforschung des oralen Dynamismus maßgeblich. Nach dem jeweiligen Verhältnis zur Mutter wird die nährende Brust vom Kinde als befriedigend, angsteinflößend oder gar lebensbedrohend empfunden. In rätselhafter Weise ruft das kindliche Geschrei einmal eine »gute«, ein anderes Mal eine »böse« (d. h. angstbewirkende) Mutter herbei. Der Affekt, den die letztere auslöst, stemmt sich der Befriedigung des Hungers entgegen: bei Anwesenheit der »bösen Mutter« hungert das Kind. Und dies nicht nur auf den Magen-Darm-Trakt bezogen; sein Verlangen nach Zärtlichkeit, das in eins mit der Nahrungsaufnahme gestillt wird, bleibt ebenfalls frustriert.

Diese Erfahrungen haben für das Kind einen »kosmischen Aspekt«, da es in dieser Frühzeit sich noch nicht als von seiner Mutter abgegrenzte Entität wahrnehmen kann. Die Abgrenzung gegen die Umwelt erfolgt erst mit der Entwicklung des »Selbst«, welches in *Sullivans* Lehre zentrale Bedeutung einnimmt.

Indes schwere Angst die Lebenstätigkeit blockiert und »einem Schlag auf den Kopf gleicht«, sind die milderen Formen der Angst dazu geeignet, den Lernprozeß anzuregen. Der Angstgradient ist der erste Gegenstand des Lernens, d. h. das Kind lernt dumpf, unter welchen Umständen sich seine Angst vergrößert oder verringert. Später werden auf diesem Fundament

Techniken des »Versuchs und Erfolgs« ausgearbeitet, die zur Aktivitätsquelle der kindlichen Person werden. Belohnung, Strafe und Nachahmung werden zu den Koordinaten des kindlichen Lebensgefühls, das die zwischenmenschlichen Beziehungen wacher und artikulierter widerspiegelt. Besonders Zärtlichkeit als Lob ist ein wichtiger Faktor in der Sozialanpassung des Kindes. Oft handelt es sich um eine unwillkürliche Freude, die von der Mutter ausstrahlt, wenn das Kind sich »richtig« benimmt. Diese freundliche Antwort bestärkt das Kind im Beibehalten und in der Weiterentwicklung sozialer Verhaltensmuster, indes die von den Eltern nicht akzeptierten Empfindungen oder Regungen als angstbewirkend abgespalten werden.

Auf Grund solcher Eindrücke entstehen im Kinde drei Personifikationen seines Ich, nämlich: »gutes Ich«, »böses Ich« und »Nicht-Ich«. »Gutes Ich« enthält die Organisation von Erfahrungen, die Befriedigung durch »reflected appraisal« bedeutsamer Beziehungspersonen einschließen. Unter dem Konzept »böses Ich« werden Erlebnisse organisiert, die auf einem wachsenden Angstgradienten basieren: jene kindlichen Lebensäußerungen, die die Mutter verneint, werden ins »böse Ich« abgedrängt. Das »Nicht-Ich« schließlich tritt im späteren Leben im Traum, in der seelischen Erkrankung, in der Schizophrenie dominant in Erscheinung: hauptsächlich zeigt es sich am Ausfall von Phänomenen, die normalerweise erwartet werden dürften. In jedem dissoziierten Verhalten tut sich das »Nicht-Ich« kund: es hat einen eher primitiven Charakter, ist unklare und undifferenzierte Empfindung, zumeist (von kindlichen Prägungen her) mit den Attributen des Schrecklichen, Widerwärtigen, Bedrückenden behaftet. Umfang und Weite des »Nicht-Ich« wird durch das Ausmaß der verdrängenden und frustrierenden Erziehung bestimmt.

Je größer das »Nicht-Ich«, um so mehr wird das Kind verhindert, mit der Realität bekannt zu werden. Seine ganze Entwicklung wird damit aufgehalten, da ein Großteil seiner Erfahrungen durch das Gefühl des Unheimlichen verstümmelt wird. Da es gänzlich von Ängstlichkeit umhüllt ist, wird das »Nicht-Ich« undurchschaubar und unkorrigierbar — seine Unartikuliertheit verunmöglicht, daß es »mitgeteilt« und diskutiert werden kann. Es ist eine »private Form« des Lebens, Quelle und Gegenstand des sog. Autismus. In unserer Kultur beherbergt es vor allem sexuelle, aggressive und zärtliche Regungen, die durch die elterliche Lieb- und Verständnislosigkeit in die Dissoziierung verwiesen wurden.

Das »Selbst« ist nun nach *Sullivan* ein Dynamismus, der darauf gerichtet ist, das »gute Ich« zu verwirklichen und die Angst zu vermeiden. Es ist ein sekundärer Dynamismus, d. h. es ist ein reines Produkt zwischenmenschlicher Erfahrungen, aus Ängsten entstanden, die beim Anstreben allgemeiner oder zonaler Bedürfnisse eintraten. Hier gibt es keine besondere Zone der Wechselwirkung — für die Zwischenmenschlichkeit können alle Körperzonen verwendet werden. Überall, wo Angst entstehen kann, ist das Selbst mitbeteiligt.

In den Selbstdynamismus sind alle erzieherischen Beeinflussungen eingebaut, bei denen sich das Kind als »gutes Ich« angenommen empfand. Er beinhaltet alle Orientierungen, die der werdende Mensch im Zusammenleben mit für ihn bedeutsamen Personen erwerben konnte, die den Leitfaden für die Bedürfnisbefriedigung und die Angstvermeidung abgeben.

Die Ursprünge des Selbst liegen im gesellschaftlichen und kulturellen Leben des Menschen. Die Vorschriften und Regeln des Miteinanderseins machen die Ausbildung einer psychischen Repräsentanz notwendig, die die Kooperation mit der Umwelt aufnimmt. Aber auch die Mannigfaltigkeit biologischer Dispositionen im Menschen erfordert die Auswahl von Verhaltensweisen, mittels derer sich der Heranwachsende sich auf das Zusammenleben in Sippe und Gesellschaft einrichtet.

In diesem Sinne — durch Formung des Selbst — bereitet die Familie auf das gemeinschaftliche Leben vor. Ihre Vorbereitung ist mitunter sehr schlecht, wenn sie in ihrer Struktur und in der psychischen Beschaffenheit der Eltern die gesellschaftlichen Erfordernisse nur lückenhaft widerspiegelt. Das, was dann evtl. in der Familie zur Angstvermeidung eben noch ausgereicht hat, erweist sich im allgemeineren Rahmen der Erwachsenen-Existenz als unzureichend oder unzweckmäßig, womit die Basis aller psychischen Erkrankungen angedeutet ist.

Aber das Selbst ist nicht nur die Ursache der Krankheit, sondern auch der (noch vorhandenen) Gesundheit des Menschen. In ihm ist immer noch Streben und Selbstverwirklichung vorhanden. Man hat einen Menschen erst dann erkannt, wenn man sein Selbst — seine Arten der Angstvermeidung und Bedürfnisbefriedigung — verstanden hat. In der Psychotherapie und in den zwischenmenschlichen Beziehungen hängt alle sinnvolle Entwicklung davon ab, daß das Selbst des Partners nicht verletzt oder verneint wird.

Da alles, was dem Kinde seine Ohnmacht zeigt, ihm schmerzlich erscheint, entwickelt es früh in seinem Selbst eine »selektive Unaufmerksamkeit«, mit der es nur das beachtet, was sein Selbstwertgefühl bestätigt. Die angsteinflößenden Erfahrungsbereiche bleiben dadurch undeutlich und mehr oder minder unbeachtet: das Selbst befaßt sich nicht mit ihnen, selbst wenn sie lebenswichtig sind. Daher verbleiben sie im Modus der parataxic distortions, d. h. autistischer Gedankenprozesse, die sich der Realitätsprüfung entziehen.

Man muß nach *Sullivan* im Psychischen zwischen »offenen« und »verdeckten« (overt und covert) Prozessen unterscheiden. Erstere sind durch einen teilnehmenden Beobachter leicht zu erfassen: sie sind auch syntaktisch formulierbar und werden in der Regel sprachlich oder mimisch-gestisch direkt zum Ausdruck gebracht. Das »verdeckte Verhalten« jedoch, das an das »Verdrängte« der Psychoanalyse erinnert, lebt nur in der Dissoziation, bekundet sich daher nur indirekt und in Anspielungen, die interpretiert und erahnt werden müssen. Die durchaus »private Natur« verdeckter Vorgänge bewirkt, daß sie nicht sozialen Verhaltensmustern und erzieherischer Beeinflussung unterliegen. In den psychischen Erkrankungen und in den Psychosen kommen sie ans Tageslicht und lassen erkennen, wieviel Unterdrücktes und Verborgenes der Erkrankte in seinem Innenleben mit sich herumtrug.

Wenn verdeckte Strebungen ins Bewußtsein einbrechen, so wirken sie als desintegrative Faktoren. Sie hindern das Selbst daran, sein erreichtes Entwicklungsniveau zu halten und führen zur Regression auf frühere Entwicklungsphasen: dies ist eine gewöhnliche Erscheinung des Normallebens wie der seelischen Erkrankungen. Schon in der Ermüdung werden kompliziertere Verhaltensmuster durch einfachere ersetzt. Ebenso schafft Desintegration durch Angst oder Traumatisierung die Verlockung zur Anwendung längst verlassener Verhaltensschemata, die in begünstigteren Situationen durch angepaßtere Reaktionsformen überdeckt sind.

Mit den Abwehrmechanismen der Scham, des Ekels und der Angst sucht das Selbst die Anteile des »bösen Ich« und des »Nicht-Ich« in Schach zu halten. In der Neurose gelingt dies durch eine Hypertrophie dieser Sicherungen; in der Psychose jedoch brechen die Abwehrmechanismen zusammen, das Selbst gibt sich im eintretenden Chaos auf und wird von asozialen und obszönen Impulsen überflutet.

Die emotionelle Unzugänglichkeit des präpsychotischen und des psychotischen Menschen wird nach *Sullivan* durch die frühzeitig anerzogene »bösartige Umformung der Persönlichkeit« bewirkt. Wenn das Kind nämlich bei seinen Versuchen, die elterliche Liebe durch Zustimmung zu erlangen, *immer*

wieder infolge unduldsamer, liebloser Erzieher auf angster-
regende Abweisung stößt, bildet sich bei ihm der Erfahrungs-
zusammenhang aus, daß soziale Wechselwirkung zur schrecklichen Qual der Angst und des Zurückgestoßenseins führt:
daraus entsteht entschiedene Ablehnung menschlicher Intimität und Leugnung des Wunsches nach Zärtlichkeit, was für die
schizoiden Charaktere kennzeichnend ist. Dahinter steht nicht
eine besondere Konstitution, sondern katastrophale Kind-
heitserfahrung. Die Isoliertheit solcher Menschen und ihre In-
teressenlosigkeit hinsichtlich engerer mitmenschlicher Kooperation entspricht ihren frühen Eindrücken im Familienmilieu,
wo sie solchen irrationalen Verhaltensweisen ausgesetzt waren, daß sie es ein für allemal aufgaben, echte menschliche Beziehungen aufzubauen. Es ist die crux der Psychosentherapie,
daß der Schizophrene den Kontakt, den er so sehnlich wünscht,
gemäß seinen Erfahrungen als Lebensgefahr fürchtet: *Sullivan*
sieht im schizophrenen Autismus keine »autoerotische Selbstgenügsamkeit«, sondern eine alles überschattende Angst vor
mitmenschlichen Enttäuschungen und Frustrationen, die den
Kranken sich in die Höhlen und Schlupfwinkel seiner Psychose zurückziehen läßt.
Mit diesen (nur fragmentarischen) Darlegungen haben wir
nun die Voraussetzungen geschaffen, um *Sullivans* Psychosentheorie eingehender würdigen zu können. Es wird sich
dabei erweisen, welche Tragweite dieser sozial- und entwicklungspsychologischen Sicht für die Zukunft zukommt.

*

Sullivans »Psychopathologie« befaßt sich mit dem Problem
der psychischen Störungen, insofern diese nicht auf biologische Defekte, sondern auf zwischenmenschliche Entwick-
lungshemmungen zurückzuführen sind. Die psychische Erkrankung wird folgendermaßen definiert: »And so — as near-
ly as I can discover — if the term »mental disorder« is to be
meaningful, it must cover like a tent the whole field of in-
adequate or inappropriate performance of interpersonal relations« (»The Interpersonal Theory«, S. 313).
Solche ungeeigneten Verhaltensmuster sind auf unglückliche
Verhältnisse in der Entwicklungsgeschichte der Persönlichkeit
zurückzuführen. Die Lehren vom »Nicht-Ich«, von der Dissoziation und von der »bösartigen Umformung der Persönlichkeit« sind die psychopathologischen Ausgangspunkte. Wann
immer das Nicht-Ich aus seiner Untergründigkeit ins Bewußtsein einbricht, bringt es die Erfahrung der »Unheimlichkeit«

(welche eine Spielart der Angst ist) mit sich. Diese hat nach *Sullivan* die Aspekte der Scheu (awe), des Furchtbaren (dread), des Ekels (loathing) und des Schreckens (horror). Jedenfalls scheucht sie die autistische Erlebniswelt auf, die sonst mühsam im Zustand der »Abspaltung« gehalten wird. Die hierzu erforderlichen Dissoziationsprozesse sind um so umfangreicher, je größer das Nicht-Ich ist, welches sie in der Verdrängung halten müssen. Dabei kommt es nie zur endgültigen Lösung dieser Problematik: es stellt sich günstigenfalls ein Gleichgewichtsstatus her, in dem die ständig drohende Angst durch nervöse Symptomatik etc. darniedergehalten wird. So etwa sind Zwangshandlungen nichts anderes als Substitutionsprozesse, mit denen der Zwangskranke sich selbst und seine Umwelt über seine Lebensschwierigkeiten hinwegtäuscht. Das anankastische Verhalten dient dazu, den Kontakt mit der Umgebung abzuschwächen und dadurch eine abnorme Verletzlichkeit gegen Angst zu dissimulieren. Nach *Sullivan* entsteht die zwangsneurotische Prägung in einer kindlichen Umwelt, in der die Erwachsenen ihre Gefühlskälte und Feindseligkeit hinter Formeln und Prinzipien verbergen. Das Kind lernt so, selber durch peinliche Regelhaftigkeit den Anschein von Recht und Richtigkeit durchzuhalten: es karikiert mit seiner Prinzipienreiterei und seinem umständlichen, fiktiven Benehmen die Zwanghaftigkeit seiner bedeutsamen Erziehungspersonen. Der erwachsene Zwangskranke schließlich führt seine magischen Rituale weiter, um den vernichtenden Selbstzweifel zu übertönen, der ihn am Aufbau zwischenmenschlicher Beziehungen hindert.

Wenn größere Motivationssysteme in Dissoziation gehalten werden, so ist das Selbst empfindlich geschwächt und lebt andauernd unter dem Eindruck der Daseinsangst. Das Nicht-Ich zwingt ihm parataktische Erfahrungsweisen auf, die mit der Zeit den Realitätssinn völlig verwirren können. Was immer an Impulsen aus dem Nicht-Ich bewußt wird, erscheint dem schwachen und realitätsfremden Selbst als »unheimlich«: die Folge davon ist, daß das Auftauchen von »abhorrent cravings« (mit denen das Nicht-Ich seine Ansprüche in oft entstellter Form, etwa als homosexuelle oder inzestuöse Wünsche, anmeldet) mit »Panik« beantwortet wird. Panik entsteht nach *Sullivan*, wenn etwas zusammenbricht, worauf jemand zuvor fest vertraut hat. Das Zusammenbrechende ist in den Psychosen das »Selbst«, welches sich angesichts übermächtig werdender Bedrohungen von außen wie von innen aufgibt und dem Nicht-Ich sozusagen ausliefert. Daher findet man im schizophrenen »Weltuntergang« zügellosen Schrecken und desorganisierte Aktivität, die entweder ziellos ist oder zu selbstzerstörerischen und andere schädigenden Handlungen Anlaß gibt. Im Verlaufe solcher Prozesse kann das Individuum in jenen Zustand verfallen, den *Sullivan* die »schizophrene Lebensweise« nennt.

Wie alle übrigen krankhaften Verhaltensmuster ist auch das schizophrene »pattern of behaviour« in der Frühkindheit vorbereitet worden. Kinder, die bereits in den ersten Lebensjahren durch »dynamisms of difficulties« hindurchgegangen sind, zeigen einen oft verborgenen Riß in ihrer Persönlichkeit, der in der Psychose zu voller Aufsplitterung überleitet. Zumeist ist es eine »schizophrenogene Mutter«, die infolge ihrer latenten Feindseligkeit oder Lieblosigkeit die fundamentalen Voraussetzungen für die Konstituierung des Selbst unterminiert hat. Aber auch der Vater (wie vor allem *Th. Lidz* sehr nachdrücklich und mit Recht betont hat) kann auf das Kleinkind solch katastrophale Einflüsse ausüben, daß es mit dem Gefühl aufwächst, wertlos, unliebenswert und unfähig zu sein und es niemandem recht machen zu können.

Aus solchen Kindheitseindrücken leitet sich der bekannte präschizophrene Lebenslauf ab. Verschlossenheit, Verträumtheit, Kontaktmangel, sonderlingshaftes Betragen und dergl. bekunden, daß der Heranwachsende ein nur fragmentarisches Selbst erworben hat. Die Umwelt kann an diesem Faktum lange vorbeisehen, da häufig eine äußerliche Anpassung erzielt wird, die ungefähr mit derjenigen des schadhaften und schädigenden Milieus übereinstimmt. Sobald jedoch das Leben traumatisierend mit einem labilen Selbstdynamismus zusammenstößt (was häufig in der Pubertät erstmals dramatische Formen annimmt), kann der Zusammenbruch erfolgen, der infolge der verborgen verlaufenden Vorgeschichte rätselhaft und uneinfühlbar erscheint. In Wirklichkeit ist nach *Sullivan* der schizophrene Kollaps die logische Konsequenz pathologischer Entwicklungen, die in einer alles erschütternden Notlage zu primitivsten Anpassungsprozessen Zuflucht nehmen.

In seinen »Clinical Studies in Psychiatry« hat sich *Sullivan* eingehend mit der Schizophrenie auseinandergesetzt. Er holt dabei zu prinzipiellen Erwägungen aus, in denen er sich über das Verhältnis der einzelnen Zustandsbilder zueinander (Katatonie, Hebephrenie, Paranoia) ausläßt. Wiewohl er *Kraepelins* »wunderbare Synthese« anerkennt, wirft er doch die Frage auf, ob es sich nicht im Grunde um eine »Gruppe von Schizophrenien« (*E. Bleuler*) handelt. Er rühmt *Freud* nach, daß er als erster nach dem Sinn der katatonen Symptome gefragt habe. Die »Dementia simplex« wird von ihm als einzige unter den »schizophrenen Psychosen« als organisch bedingt bezeichnet: hier käme eine organic deterioration in Betracht, die eigengesetzlich (nicht interpersonell) zum frühzeitigen Versanden der Persönlichkeit führt.

Hier ist eine kleine Probe aus *Sullivans* kaustischem, satirischem Stil: »Auch wenn Kraepelin uns große Kopfschmerzen bereitet hat, war er doch ein fähiger, sehr fähiger Mann . . . Ich glaube, daß Kraepelin eine innere Art von Zwang verspürte, die höchste Form menschlicher Betätigung in der Namengebung und im Jonglieren mit Krankheitsbegriffen sah, was ein Merkmal eines bestimmten Typus des deutschen Intellektuellen war« (»Clinical Studies«, S. 311).

Die Katatonie ist nach *Sullivan* das wesentliche Schizophrenie-Bild. Die übrigen Formen der »Dementia praecox« sollen nicht als völlig verschiedenartige Einheiten, sondern als dynamische Entwicklungen und als Funktionen der betroffenen Persönlichkeitsstruktur verstanden werden. Die zwischenmenschliche Vorgeschichte ist für den Verlauf der Krankheit entscheidend.

Wieviele menschliche Kommunikationsmöglichkeiten hatte der Erkrankte vor der Erkrankung? Nach *Sullivan* werden die jüngsten Erwerbungen der Persönlichkeit nicht so rasch zerstört, wenn ein Schizophrener in seinem präpsychotischen Leben irgendeine Form menschlicher Intimität gekannt hat. Tritt dann im Zuge seiner Konflikte eine Regression ein, so versucht der Patient, seine Probleme in der Art eines Traumes oder Nachtmahrs durchzudenken und gerät in den katatonen Erregungszustand. Damit ist eine Auflösung der Ichgrenzen verbunden, die dem ganzen Geschehen einen kosmischen Charakter verleiht. Die verbalen Prozesse zerfallen, das persönliche Universum diffundiert, worauf Gedankeninhalte einströmen, auf die das Individuum mit Panik reagiert. Dabei ist das regredierte Bewußtsein unfähig, zu planen und mit den realen Gegebenheiten zu rechnen. Die Mißerfolge, die sich zwangsläufig bei allen Fluchtbewegungen und Kommunikationsversuchen einstellen, führen schließlich zu einer »Universalisierung des Sicherheitsbedürfnisses«. Aus diesem ist etwa der katatone Stupor zu verstehen, welcher dem Lebensgefühl entspricht: »Irgend etwas sollte getan werden; aber man findet nicht heraus, was das sein soll.« Die Stereotypien der Kranken, ihre magischen Rituale, ihre Reaktionslosigkeit oder ihr empfindlich-affektives Reagieren stehen damit im

Zusammenhang, daß die Drohung wiederkehrenden Schrekkens ständig am Saume ihres Bewußtseins lauert und ängstlich von der Aufmerksamkeit ferngehalten werden muß.

Nachdem das Selbst im »schizophrenen Morast« versunken ist, bildet sich ein fragmentarisches Selbst, das eine Art Selbstheilungsversuch darstellt. Man kann die Psychose selber als die Wiederherstellung eines psychischen Äquilibriums auf einer primitiven Ebene interpretieren. Aber der Krankheitsprozeß verliert seine Dynamik nicht: der Umweltkontakt ist hinter dem enormen Apparat psychotischer Sicherungen noch gewahrt und beeinflußt das Befinden der Kranken weit mehr als man sich darüber Rechenschaft ablegt.

Dem »distanzierten Betrachter« erscheint das schizophrene Geschehen so sinnlos und uneinfühlbar, weil die Kranken in ihren Gedankenprozessen vom Mitteilungssprechen unvermittelt zu autistischen Reden, zu unartikuliertem Geräusch oder zum wortlosen Denken überwechseln. Oft will der Schizophrene etwas sagen und sagt etwas anderes. Seine Neologismen, die an den sprachlichen Autismus der Kleinkinder erinnern, hemmen die Verständigung. Aber wenn man den Sinn seines Sprechens und Verhaltens errät, kann man den Patienten auf ein »höheres Mitteilungsniveau« heben, so wie man einen Einschlafenden wachrütteln kann.

Nach *Sullivan* bleibt der Schizophrene auch in seinem Stupor aufnahmefähig und reagiert in seinen luzideren Momenten auf manches, das man ihm in seiner schwersten Isolation und Abkapselung gesagt hat. Die Gedankengänge des Patienten gleichen einer »persönlichen Mythologie«, die nach dem Vorbild frühester Kindheitslogik konzipiert ist. Ähnlich wie die Völkermythen empfindet der Schizophrene das menschliche Leben unter den Aspekten von Gefahr, Angriff, Stärke, Schwäche etc. Er rechnet mit übermenschlichen Anfeindungen und will ihnen durch magische Operationen und Gedankenprozesse begegnen.

Die paranoide Note in jeder Schizophrenie erzwingt nach *Sullivan* ein gesteigertes Bedeutungsbewußtsein beim Kranken. Dieses äußert sich in den verschiedenartigsten Wahnformen, die das klinische Bild der »schizophrenen Lebensweise« bestimmen.

Von der Katatonie aus gibt es Weiterentwicklungen, die nach *Sullivan* in die Paranoia oder in die Hebephrenie führen. Durch die paranoide Lösung soll eine neue Sicherheit gewonnen werden. Dies geschieht dadurch, daß die Elemente des Tadels und der Schuld auf andere Menschen übertragen werden, womit jede Intimität und Beziehung zu anderen verunmöglicht wird. Der Paranoiker verwendet hierbei Dynamismen, die uns entwicklungspychologisch recht vertraut anmuten. So etwa leitet schon die Angst vor der Strafe das Kind dazu an, Techniken der Entschuldigung und Verschleierung auszubilden, die die Erwachsenen täuschen sollen. Da es auf Unterdrückung nicht mit Zorn reagieren darf, breitet sich Ressentiment in seinem Seelenleben aus. Kommt es durch zahllose emotionelle Frustrationen zur »bösartigen Umwandlung der Persönlichkeit«, so werden alle Menschen als potentielle Feinde gesehen. Dazu kommt, daß die Jugendlichen zumeist durch Erzieher lernen, wie man andere verachten und herabsetzen kann: es ist ein Grundzug unserer Kultur, durch Mißachtung anderer das eigene Selbstwertgefühl zu stützen (wofür man etwa im nationalen Chauvinismus, im Rassenwahn, im Fremdenhaß, in politischen und religiösen Ideologien brauchbare Beispiele finden kann).

Indes der Präschizophrene nach *Sullivan* menschlich sein will und es nicht sein kann, will der Präparanoide tadellos und unfehlbar sein. Man kann die Beobachtung machen, daß diese Haltung oft lange Zeit zu einer erfolgreichen Lebensbewältigung führen kann: aggressive und ehrgeizige Leute sind mitunter im Paranoid zu finden. Bis in ihre Krankheit hinein befriedigen sie ihre kompetitiven Tendenzen, getrieben von Neid, Eifersucht und unendlicher Angst vor dem Unrechthaben, gegen das sie sich durch den Aufbau ihres paranoischen Systems zu schützen versuchen. Will man die Paranoia psychotherapeutisch behandeln, so muß man sie nach *Sullivan* zuerst wieder in eine Schizophrenie zurückverwandeln. Dies geschieht durch Auflösung der paranoiden Sicherungen, wodurch zwar der Patient wieder seinen maßlosen Ängsten überantwortet, aber für die zwischenmenschliche Kontaktnahme offener und zugänglicher wird.

Hat vor der Erkrankung dem Psychotiker eine konsolidierte Intimität mit einem Mitmenschen völlig gefehlt, so kann nach dem schizophrenen Einbruch ein rasches Zurücksinken auf sehr grobe Anpassungsprozesse erfolgen. Soziale Gewohnheiten und Werte werden vom Kranken leicht über Bord geworfen, da er niemanden hat, der ihn auf der erreichten Höhe der Persönlichkeitsentwicklung festhält. Nach *Sullivan* wird der Schizophrene hebephren, wenn er gänzlich verzweifelt. Er beschränkt dann sein Interesse auf seine lustspendenden Körperzonen und versucht, auf rein biologischem Niveau zu leben. In ihm steckt das Gefühl, daß man absolut nichts mit

Erfolg vollbringen kann. Der tiefen Demoralisierung entspringt wohl die hebephrene Wurstigkeit, die Abweisung aller menschlichen Beziehungen und die obszöne oder unreinliche Verhaltensweise, in der die Umwelt vom Kontakt abgeschreckt wird. Alles versinkt in ein monotones Einerlei, wobei man in der hebephrenen Versteinerung das Ergebnis der kompletten Demoralisation sehen kann.

Sullivan ist zutiefst davon überzeugt, daß man den Ursprung dieser Krankheitsbilder psychogenetisch begreifen und daß man ihre entwickelte Form psychotherapeutisch beeinflussen kann. Seine Stellungnahme zu Konstitution und Heredität ist äußerst skeptisch: »Was die Vererbung als Grundlage für Geisteskrankheiten anbetrifft, so habe ich hierzu eine sehr einfache Stellungnahme: nichts ist bewiesen ... Ich habe nicht den geringsten Zweifel, daß die Psychose aus unserer Lebenserfahrung hervorgeht ... Tatsächlich können wir Patienten heilen, weil nichts festgelegt und unveränderlich verankert ist; man kann sagen, daß wir heilen, indem wir die Anpassungsfähigkeit an die Lebensprobleme verbessern ... Ich fürchte, daß ich bei der Überzeugung bleiben muß, daß jede sogenannte psychopathische Persönlichkeit das Resultat frühkindlicher Fehl-Betreuung ist, oft im so hohen Grade, daß eine günstige Veränderung nur durch eine unendlich große Anstrengung bewirkt werden kann« (Clinical Studies, S. 359/360).

Daß *Sullivan* mit dieser Skepsis gegen die früher so unglaublich überbewerteten Hereditätshypothesen nicht allein dasteht, mag an dieser Stelle eine eindrückliche Äußerung von *M. Bleuler* belegen, der selber maßgebliche Forschungsarbeit über die Hereditätsverhältnisse in der Schizophrenie geleistet hat; anläßlich der Diskussion ererbter und erworbener Faktoren äußert er sich wie folgt: »Jeder, der diese Entwicklung verfolgt, wird bei der Durchsicht der älteren Arbeiten tatsächlich tief von der Feststellung beeindruckt sein, wie Generationen von großen Forschern das familiäre Auftreten von Psychosen ohne weiteres als Beweis der Erblichkeit auffaßten, ohne auch nur daran zu denken, wie sehr die Psychosen in der Familie das familiäre Milieu beeinflussen und wie sehr sie auch als psychisches Trauma auf die Familienmitglieder einwirken können.«

Es ergibt sich aus *Sullivans* Stellungnahme zwangsläufig, daß er ein entschiedener und profilierter Repräsentant der Psychotherapie an Schizophrenen war. Seine diesbezüglichen Behandlungserfolge haben ihn schon in den dreißiger Jahren berühmt gemacht. Im Umgang mit seinen schizophrenen Patienten ging er von der zutiefst humanen Anschauung aus, daß in jedem Kranken — auch im Psychotiker — immer viel mehr Allgemeinmenschliches als Besonderes vorhanden sei. An diese durch die Krankheit verstümmelte oder entstellte Menschlichkeit anzuknüpfen, erschien ihm als das zentrale Anliegen der analytischen Psychosentherapie. Die (*Freudsche*) Auffassung, daß der Schizophrene übertragungsunfähig und damit nicht behandelbar sei, widerlegte er mit der Erklärung, daß beim schizophrenen Patienten im Gegenteil »alles Übertragung sei«. Diese ist u. U. so stark, daß sich der Patient an den Psychotherapeuten mit derselben Intensität anschließt wie ein Säugling an die Mutter, die für ihn Nahrung und Leben bedeutet.

Von der Voraussetzung ausgehend, daß der Schizophrene zeit seines Lebens das Gefühl der Geborgenheit entbehren mußte und schon als Kind nicht recht Kind sein durfte, hat die von *Sullivan* gegründete »Washington School for Psychiatry« die Schlußfolgerung gezogen, daß man mit dem Patienten psychotherapeutisch die Kindheit neu beginnen müsse. Der Psychotherapeut nimmt sich mütterlich seines Patienten an; er versucht, auf seine Wünsche einzugehen, ihm seine Krankheit durch vorsichtige Deutungen verständlich zu machen und so eine Neu-Erziehung zu unternehmen, die mitunter im Stadium des »Flaschenkindes« ihren Anfang nimmt, selbst wenn der Patient bereits ein erwachsener Mensch ist. Eine der wichtigsten Grundlagen dieser Therapie ist, daß der Therapeut in die *individuelle Welt des Kranken* eindringen muß; der Patient gibt durch sein Verhalten, seine Äußerungen und seine Bedürfnisse den Weg an, den man in Richtung auf ihn beschreiten muß: dabei ist, wie etwa die bewunderswert schönen Arbeiten von *F. Fromm-Reichmann* lehren, die lebendige Einfühlung und das Sichidentifizieren mit dem Kranken das Entscheidende, weil es zu jener Hellsicht führt, die im richtigen Moment das Richtige tun läßt.

Sullivans und seiner Schüler Arbeiten lassen keinen Zweifel darüber, daß sich der Psychotherapeut auf gefährlichem Grund bewegt, und daß es kaum eine Aufgabe gibt, die ein derart hohes Maß an seelischer Gesundheit und auch Einsatzwillen für den leidenden Menschen erfordert wie die Therapie Schizophrener. Der Psychotherapeut muß sich in der Regel durch eine Mauer von Abwehrmechanismen durcharbeiten, bis er an den Kranken herankommt; er darf vor Beleidigungen und Zurückweisungen nicht zurückschrecken, er muß seine persön-

liche Eitelkeit hintansetzen gegenüber der gewaltigen mitmenschlichen Aufgabe, einen in den Wahn »verstiegenen«
Menschen in die »Mitwelt« zurückzuholen. Dabei muß man
dem Kranken unerschütterlich vorleben, daß die Realität auch
für ihn positive Beziehungsmöglichkeiten hat — seine (krankhafte) Art, sich mit anderen in Beziehung zu setzen, welche
der Therapeut in den Übertragungsstürmen über sich ergehen
lassen muß, kann nur dann abgeändert werden, wenn man
dem Kranken die Möglichkeit gibt, seine Problematik auszudrücken und hierbei im Kontakt mit einem Helfer seiner selbst
bewußt zu werden.

Wir beschließen die Darstellung von *Sullivans* Psychosentheorie, die unser Thema der »schizophrenen Reaktion« in
den Zusammenhang der gesamten Schizophrenielehre einge-
ordnet hat, mit einer Äußerung *Sullivans*, die eine Art psy-
chotherapeutisches Credo bedeutet; in der Würdigung der
Schwierigkeiten, welche sich der Psychotherapie Schizophrener entgegenstellen, sagt er mit Nachdruck: »Meiner Meinung
nach gibt es keine Menschengruppe, die so verwundbar wäre
für unglückliche Einbrüche von Angst in den helleren Inter-
vallen, in denen Kommunikation möglich ist, als die Schizophrenen. Die Möglichkeit therapeutischer Einwirkung in Schi-
zophreniesituationen ist deshalb weitgehend eine einfache
Funktion der Geschicklichkeit des Psychiaters, plötzliche und
unbeabsichtigte Kollisionen mit des Patienten Selbstsystem
zu vermeiden. Mit dem bittersten Gefühl bezüglich der
menschlichen Unkosten, die darin enthalten sind, muß ich
sagen, daß der Prüfstein von jemandes psychiatrischer Geschicklichkeit auf dem Felde verzerrter zwischenmenschlicher
Beziehungen liegt« (Notes on investigation, therapy and edu-
cation in Psychiatry and their relations to Schizophrenia, in:
»A Study of Interpersonal Relations«, edited by *Patrick Mullahy*, S. 202, 1949).

IV. Beispiel eines Falles von »schizophrener Reaktion«

Durch *Sullivans* Psychosenlehre werden wir in der Auffassung bestätigt, daß die schizophrene Reaktion nichts anderes als eine benigne Form von Schizophrenie ist. Aus der Perspektive dieser Konzeption kann ein qualitativer Unterschied zur sog. »endogenen Psychose« nicht gefunden werden: die Benignität ist einfach der leichtere Grad der Erkrankung, bedingt durch die schwächere Noxe und die erhöhte psychische Stabilität des Betroffenen. Aus seiner Vorgeschichte heraus ist wohl der an der schizophrenen Reaktion erkrankte Patient weniger anfällig als seine schizophren werdenden Leidensgenossen: wenn er durch ein Übermaß von »Streß« dazu gezwungen wird, das schizophrene Instrumentarium aus den Tiefen seines Seelenlebens hervorzuholen, so überläßt er sich nicht diesem Prozeß, sondern beginnt bald, gegen ihn anzukämpfen. Oft genügt schon die Entlastung der Streß-Situation, um den Patienten zu veranlassen, seine gesunden Integrationstendenzen wiederum zu entfalten. Anders der Schizophrenie-Patient: er hat auf Grund seines stärker irritierten Lebenslaufes gewöhnlich lange Zeit auf seine Krankheit hingelebt. Die zahllosen Frustrationen seines Lebens summieren sich zu einer derart gravierenden Mutlosigkeit und Unangepaßtheit, daß der Kranke den Ausbruch seiner »endogenen Psychose« als die Lösung seiner Lebenskonflikte erleben mag. Hat sich ihm durch sein vorausgehendes Leben das Gefühl der Nichtigkeit und Aussichtslosigkeit zutiefst eingeprägt, so wird u. U. sein »Gesundheitsgewissen« (*Kohnstamm*) derart geschwächt sein, daß er der Preisgabe seiner Erkrankung heftigsten Widerstand entgegensetzt. Die Schutzfunktion, welche die Krankheit für die extreme Verletzlichkeit des Patienten ausübt, ist in den scheinbar unzugänglichen Schizophreniefällen die Klippe, an der die therapeutische Bemühung scheitert; *O. Lingjaerde* hat dies folgendermaßen ausgedrückt: »Wir dürfen vielleicht die meisten Psychosen unter dem Gesichtswinkel des allgemeinen Anpassungssyndroms ansehen. Wenn Menschen emotionellen Spannungen ausgesetzt werden, die ihnen unhaltbar und unerträglich erscheinen, reagieren sie auf diese Situation nach gewissen Voraussetzungen.

Einige reagieren mit Aggression, andere mit Retraktion, Depression oder Angst, wieder andere mit ernstlichen Syndromen: Stupor, Delirium oder »Schizophrenie«. — Die Demenz, deren wesentliches Kennzeichen eine geschwächte Instinktreaktivität ist, bietet dem Kranken Schutz gegen die unerträglichen Anpassungsschwierigkeiten im Kampf ums Dasein« (zitiert nach *G. Benedetti*, »Möglichkeiten und Grenzen der Psychotherapie Schizophrener«, in: Bulletin der Schweiz. Akad. d. Mediz. Wissenschaften. Bd. 11, 1955).

Das unterschiedliche Erscheinungsbild der schizophrenen Erkrankungen ist dann durch den »Grad des Rückzugs« bestimmt, zu dem sich der Patient auf Grund seiner Lebensgeschichte, seines psychophysischen Gesamtzustandes und seiner Krisensituation veranlaßt sieht. Mit den Begriffen »schizophrene Reaktion« und »Schizophrenie« sind auf der Skala der Typen möglicher Fehlschläge nur zwei mehr oder minder weit auseinanderliegende Situationen bezeichnet; der individuelle Kranke mag sich im Verlaufe seiner Krankheit bald der einen und bald der anderen Situation annähern oder irgendwie eine Art »Gleichgewichtszustand« finden. Man muß sich bewußt sein, daß die Etiketten »Schizophrenie« oder »schizophrene Reaktion« niemals den Nuancen des individuellen Falles gerecht werden können: im Prinzip hat jeder Patient *seine* Schizophrenie, nämlich ein einmaliges und unverwechselbares Krankheitsbild, das aus den Tiefen seiner individuellen Persönlichkeit hervorwächst.

Daher wird vielleicht durch die Schizophrenieforschung eine Wandlung im medizinischen Denken überhaupt angebahnt werden. Gerade an der Psychose läßt sich die Erfahrung machen, daß Krankheit sich nicht allein — wie die in ihrem Bereich großartig wirkende naturwissenschaftliche Tradition der Medizin postuliert hat — durch »objektive Prozesse und Kriterien« definieren läßt, sondern daß sie ein subjektives, geschichtliches Geschehen ist. Die Kategorien der Naturwissenschaft *erklären* nur einen Teil des Krankheitsvorganges; nach einem geistreichen Wort von *Leriche* erfassen sie eine »Theateraufführung, bei der die ersten Akte schon vorbei sind, wenn die Bühnenbeleuchtung angeht«. Die »ersten Akte« sind offenbar die psychophysischen Gesamtreaktionen, das einheitliche Verhalten und Erleben der Persönlichkeit, das sich nicht naturwissenschaftlich »erklären«, aber geisteswissenschaftlich *verstehen* läßt.

Dies bedeutet für die Schizophrenielehre (wie auch für die Psychosomatik), daß der Darstellung des Einzelfalles besonderer illustrativer und explikativer Wert zukommt: ein Fall von »schizophrener Reaktion« möge daher unsere Ausführungen beschließen.

Im Herbst 1956 konsultierte uns ein 32jähriger Bauzeichner zwecks Aufnahme einer psychotherapeutischen Behandlung. Der junge Mann war seit fünf Jahren verheiratet: die Ehe war infolge Sterilität der Frau kinderlos. Soweit sich überblicken ließ, handelte es sich um ein durchaus gutes Eheverhältnis; die beiden hatten sich — sie waren gleichaltrig — mit ca. 23 Jahren kennengelernt, und aus dem recht konfliktlosen, freundschaftlichen Verhältnis hatte sich zwanglos der Wunsch zu einer gemeinsamen Lebensführung ergeben. Das Bildungsniveau der beiden Partner war ebenbürtig, sie ergänzten sich sowohl in charakterlicher als auch emotioneller Hinsicht anscheinend ohne besondere Schwierigkeiten. Auch die sexuellen Beziehungen boten zu keiner Problematik Anlaß.

Der Grund für die Konsultation war in erster Linie beruflicher Art. Der junge Mann hatte im Kt. Glarus seine Bauzeichnerlehre absolviert und während Jahren in diesen ländlichen Verhältnissen gearbeitet. Seine Zeugnisse wiesen ihn als einen überaus pflichtbewußten, sehr sorgfältigen und geradezu über-genauen Berufsmann aus. Nach seinen eigenen Angaben war er in der Regel immer seinen beruflichen Aufgaben gewachsen gewesen: gelegentlich hätten sich seine Vorgesetzten etwas über seine durch Überexaktheit bedingte Langsamkeit beklagt. Im Jahre 1955 nun siedelte das Paar nach Zürich über. H. K., wie wir unseren Patienten nennen wollen, fand rasch wieder eine Stelle, die ihn aber — in einem modernen Großbetrieb — vor völlig neuartige Probleme stellte. Die Bauten, die er zu entwerfen hatte, boten viel kompliziertere Sachfragen, als er bis dahin zu bewältigen gelernt hatte; auch das Arbeitstempo des Betriebes war gehetzter und unruhiger als dasjenige der ländlichen Architekturfirmen, bei denen er in den vorangehenden Jahren gearbeitet hatte. Er begann sich unsicher zu fühlen, wurde unruhig und schlaflos; die Krisis kulminierte, als er ein Bauvorhaben zugeteilt bekam, dessen Schwierigkeitsgrad seine Kenntnisse bei weitem überstieg. Aus einer ihm unbegreiflichen Hemmung heraus wagte er es nicht, seinem Chef offen sein Ungenügen zu bekennen; er vertrödelte Zeit, und als der Termin herankam, erwies sich seine Arbeit als unzureichend, woraus der Chef kurzerhand die Konsequenz zog, indem er ihn entließ. Dies wäre in sachlicher Hinsicht keine besondere Katastrophe gewesen, da das junge Paar über genügend finanzielle Reserven verfügte und auch auf dem Arbeitsmarkt zahlreiche Stellen dieser Art frei waren. Aber H. K. war zutiefst von seinem »Versagen« betroffen, hielt sich zu Hause auf und äußerte, daß er niemals in der Lage sein werde, wieder seine Berufsarbeit anzutreten. In diesem Zustande bewog ihn seine Gattin, den Kontakt mit dem Psychotherapeuten aufzunehmen.

Der erste Eindruck von H. K. war der eines eher leptosomen, hochgewachsenen Mannes. Er bot einen ruhigen bis verschlossenen Anblick, äußerte sich nur sehr zögernd und zurückhaltend; Schüchternheit und Mißtrauen waren in dem gesamthaft schizothymen Bild ausgeprägt vorhanden. Er war in der Lage, sehr genau über seine Schwierigkeiten Auskunft zu geben, die ihm offenbar sehr zu schaffen machten. Der Tenor seiner Darlegungen war, daß er für seinen Beruf ungeeignet sei und daß er gerne in der Wahl eines anderen Berufes sich beraten lassen würde. Die Möglichkeit, in seine Bauzeichnerarbeit zurückzukehren, wies er als »undenkbar« zurück. Er habe seine Unzulänglichkeit genügend dokumentiert und er könne es nicht mehr darauf ankommen lassen, sich nochmals dergestalt zu blamieren.

Bei allen vorangehenden Stellen war es ihm — rein arbeitstechnisch — gut gegangen. Genauere Befragung jedoch ergab, daß er hinsichtlich der menschlichen Kontakte am Arbeitsplatz stets Schwierigkeiten gehabt habe. Er war immer unauffällig und bescheiden, korrekt in seinem Auftreten und Verhalten, habe jedoch stets zwischen sich und den anderen »eine Wand gespürt«. Mit den Berufskollegen konnte er sich zwar leidlich verständigen. Aber gegenüber den Chefs verspürte er große Unsicherheiten, die sich zu Aufregungen und Ängsten steigerten, wenn er mit ihnen verhandeln oder diskutieren mußte. Vor allem habe er Kritik und Tadel maßlos gefürchtet. Schon kleine Andeutungen, daß ein Vorgesetzter mit seiner Arbeit nicht ganz zufrieden gewesen sei, hätten ihn innerlich verstört; es sei ihm aber zumeist gelungen, dies gegen außen zu verbergen.

Familienanamnese: Der Patient stammt aus ärmlichen Verhältnissen. Von Eltern und Großeltern sind keine Geisteskrankheiten nachzuweisen. Der Vater, der Schuhmacher war, betrieb ein eigenes Geschäftlein, konnte sich aber wegen seines mürrischen Wesens gegenüber der Konkurrenz nur schwer behaupten. Er soll gegenüber der Kundschaft hochfahrend oder gar beleidigend gewesen sein, so daß im kleinen Städtchen seine Werkstätte von vielen gemieden wurde. Auch innerhalb der Familie sei der Vater als unbeschränkte Autorität aufgetreten, die keinen Widerspruch geduldet habe. Patient erinnert sich kaum je daran, seinen Vater in fröhlicher und glücklicher Stimmung gesehen zu haben: das Tischgespräch pflegte sich um die finanziellen Sorgen der Familie zu drehen, unterbrochen durch harte Zurechtweisungen an die Kinder, die es dem Vater kaum je recht zu machen vermochten. An seinen gelegentlichen, überaus heftigen Zornausbrüchen, die den Streitigkeiten mit der Mutter folgten, soll der Vater auch gegen die Familie tätlich geworden sein: aber auch sonst führte er ein hartes Regiment, und H. K. war, wie seine Geschwister, das Opfer väterlicher Strafexerzitien, die anläßlich kindlicher Missetaten eine erhebliche Strenge bis Grausamkeit erreichen konnten.

Die Mutter wird als eine eher stille, durch die Ehe gänzlich niedergedrückte Frau geschildert. Sie hatte die vier Kinder fast allein zu betreuen, indes der Vater nur als strafende Instanz in Erscheinung trat. Infolge ihrer unglückseligen Ehe scheint die Mutter nicht imstande gewesen zu sein, ihren Kindern viel Liebe und Zärtlichkeit zukommen zu lassen: sie wird als eher leidvolle, zur Schwermut neigende Person charakterisiert, die aber immerhin recht lebenstüchtig war: durch ihre Putzarbeit hat sie des öfteren die Familie über Wasser gehalten. — Beide Eltern leben noch in einem glarnerischen Kleinstädtchen: alle ihre Kinder sind von zu Hause weggezogen und besuchen Vater und Mutter sehr selten.

H. K. ist der Jüngste von vier Geschwistern. Seine drei Geschwister haben ebenfalls Berufslehren absolviert und sind verheiratet. Die ältere Schwester hat einen Geschäftsmann geheiratet. Der ältere Bruder erwies sich als ein überaus guter Schüler, konnte durch Stipendien ein Studium absolvieren und ist Techniker in leitender Stellung. Der zweite Bruder ist Elektriker mit einem eigenen Geschäft. — Alle Geschwister unterhalten nur sporadische Kontakte: es sollen von jeher keine engen Gefühlsbindungen unter ihnen bestanden haben.

Persönliche Anamnese: H. K. hatte die üblichen Kinderkrankheiten; in psychischer Hinsicht scheint er ein stilles, sehr braves und folgsames Kind gewesen zu sein. Er erinnert sich daran, daß er vor dem Vater seit jeher Angst gehabt habe: auch die Geschwister, die ihm an Kräften und Fähigkeiten überlegen waren, haben ihn oft eingeschüchtert und, wenn er ihrem Willen nicht entsprach, wegen Kleinigkeiten geschlagen. Mit dreieinhalb Jahren brachte ihn die Mutter, die ihrer Putzarbeit nachging, tagsüber in eine Kinderkrippe: er reagierte darauf während Monaten mit Bettnässen und pavor nocturnus, bis er sich an diese neue Umgebung gewöhnte. Er soll gerne für sich allein gespielt haben und nur gelegentlich mit kleineren Kindern zur Kontaktnahme zu bewegen zu sein. Seine Ängstlichkeit und Scheu trat früh hervor.

Als eine seiner frühesten Kindheitserinnerungen schildert er folgende Szene: »In der Kinderkrippe kam der St. Nikolaus. Für jedes Kind hatte man Geschenke auf langen Tischen ausgelegt. Die meisten stürzten darauf zu, als man uns aufforderte, uns einen Platz auszusuchen. Wahrscheinlich war ich der letzte, der noch einen freien Platz fand. Dabei war ich dem Nikolaus, der in der üblichen Verkleidung erschienen war, nahe gekommen. Ich hatte schreckliche Angst und schrie laut. Auch zu Hause hat man uns zu St. Nikolaustagen viel Angst gemacht: der ›Klaus‹ würde uns holen und in seinen Sack stecken!«

Oder ein anderes Erlebnis. »Zur Strafe wegen eines kleinen Vergehens (Naschen?) wurde ich von meinem Vater im dunklen Keller eingesperrt. Ich schrie entsetzlich, um nach einiger Zeit aus Erschöpfung ganz ruhig zu werden. Nach solcher Bestrafung jedoch kam es vor, daß ich beim Ewachen im Bett mich vor Vorhängen oder vermeintlichen Gespenstern fürchtete.«

Der Patient erinnert sich daran, daß er die glücklichsten Stunden seiner frühen Kindheit bei einer benachbarten Gärtnersfamilie zubrachte, die sich seiner liebenswürdig und wohlwollend annahm. Er konnte dort im Garten verweilen und stundenlang mit einem Schäufelchen »Gartenarbeit« leisten. Auch bekam er dort in reichlichem Maße zu essen, was auf ihn als Kind größten Eindruck machte. Denn die Mahlzeiten in der eigenen Familie waren nicht nur getrübt durch das autoritäre und bedrückende Benehmen des Vaters, sondern auch durch den Zank und die Eifersucht der Geschwister, die mit allen Mitteln danach trachteten, »mehr zu bekommen als der andere«. Patient als der Jüngste konnte sich am wenigsten wehren und kam des öfteren zu kurz: auch wurde in der Familie der Standpunkt vertreten, daß z. B. die größeren Brüder — die einmal die Rekrutenschule zu bestehen hätten — mehr essen müßten. H. K., der als Kind sehr schwächlich war, fiel als zukünftiger Soldat aus der Rechnung: der Vater soll sich oft spöttisch über seine »schmale Postur« geäußert haben.

Der Spott über jede Schwäche und Weichheit scheint zur Erziehungsmethode des Vaters gehört zu haben, der offensichtlich sein eigenes Versagen im Leben durch eine »harte Ideologie« zu bemänteln versuchte. So soll er den 7jährigen H. K., der noch kaum schwimmen konnte, gezwungen haben, von einem hohen Sprungbrett ins Wasser zu springen: sozusagen um ihn »abzuhärten« und ihm seine Ängstlichkeit auszutreiben. Der Patient glaubt, damals Todesängste ausgestanden und tiefsten Haß gegen seinen Vater empfunden zu haben.

Um die Zeit des Schulanfangs muß die Ehe der Eltern, die ohnehin krisenhaft genug gewesen war, sich noch verschlimmert haben: der Patient geriet einmal in die Situation, daß ihm die Mutter regelrecht vorschlug, mit ihr aus dem Leben zu scheiden! Auf sein Weinen und Wehklagen soll sie dann diesen Vorschlag als »Probe, ob er sie lieb habe«, dissimuliert haben: H. K. jedoch prägte sich das einschneidende Erlebnis zutiefst ein und blieb ihm jahrelang als andauernde Angst und Besorgnis, ob er bei seiner Rückkehr nach Hause die Mutter noch unter den Lebenden antreffen werde.

In der Schule war er ein unauffälliger und fleißiger Schüler. Für ihn, der zu Hause so trostlose Zustände über sich ergehen lassen mußte, war das Klima der Schule wohltuend und geradezu aufmunternd: daher setzte er seinen ganzen Fleiß ein und erzielte zum Teil vortreffliche Leistungen, in denen er — der Schwächling — seine stärkeren und physisch überlegenen Geschwister übertrumpfen konnte. Aber seine Enttäuschung war jeweils groß, wenn er seine (guten) Zeugnisse triumphierend nach Hause brachte: der Vater unterschrieb sie wortlos und kommentierte höchstens, wenn eine der stets überdurchschnittlichen Noten gegenüber dem vorangehenden Quartal abgesunken war.

In der 4. Klasse hatte Patient einen Lehrer, der ihm schwer zu schaffen machte. Es handelte sich um einen altmodischen Schulmeistertyp, der — er war Offizier — ein militärisches Reglement in die Schulklasse einführte. So bestand etwa die Strafe für die schlecht arbeitende oder unaufmerksame Klasse im »Strafexerzieren«, das mit strengster Zucht durchgeführt wurde. Eine Fehlerzahl bei Diktaten, Aufsätzen usw., die ein gewisses Maß überstieg, wurde mit »Tatzen« (Schlägen auf die Handflächen) quittiert. H. K. fürchtete sich nicht nur vor diesen öffentlichen Bestrafungen, sondern noch mehr vor den sarkastischen, satirischen Bemerkungen, mit denen dieser Lehrer ungeschickte oder unfähige Schüler bloßzustellen und dem Klassengelächter preiszugeben wußte. Die Schulleistungen sollen sich in diesem Schuljahr rapid verschlechtert haben; auch trat für die Periode eines halben Jahres Enuresis auf, die schlagartig verschwand, als der gestrenge Schulmeister in ein anderes Städtchen versetzt wurde. Noch in Träumen des erwachsenen Patienten kehrt dieser Lehrer wieder, wobei Angst aufsteigt, der sich der Träumende dann hilflos ausgeliefert fühlt.

Aber nach dieser Episode hielt der Schulerfolg weiterhin an; einer der Sekundarschullehrer des Patienten setzte sich für ihn ein und erwirkte ein kleines Stipendium, das H.K. ermöglichte, die Kantonsschule zu besuchen. Er schildert sein tiefes Unzulänglichkeitsgefühl angesichts seiner besser gekleideten und gutsituierten Kameraden, unter denen er der einzige »Armengenössige« war. Er schloß sich von den anderen ab und unterhielt nur eher distanzierte Beziehungen zum schlechtesten Schüler der Klasse, der sich an ihn — als einen der fähigsten — anschloß, weil er von allen anderen gemieden wurde. Das Band, welches die beiden offenbar zusammenfaßte, war die Isolierung inmitten einer als besser und höher stehend empfundenen Umwelt.

In den ersten drei Klassen der Kantonsschule war Patient unter den sehr guten Schülern; beim Übergang zur vierten Klasse jedoch sanken seine Schulleistungen ab und begannen, unbefriedigend zu werden. Wir konnten Hefte aus jener Zeit einsehen, die schon allein durch ihr Schriftbild verrieten, daß H.K. damals anscheinend durch eine schwere Pubertätskrise hindurchging. Neben allen übrigen Faktoren, die in diesem Alter ins Gewicht fallen, scheint auch die sexuelle Frage seinen psychischen Zustand wesentlich alteriert zu haben.

Sexuelle Aufklärung gab es in der Familie keine. Der Patient hat auch nie seine Eltern in irgendeiner Weise zärtlich gesehen: es war für ihn ein Phänomen, als der Vater vor einer längeren Auslandreise der Mutter so etwas wie eine »Kuß-Imitation« gab. In sexualibus scheint ein prüder und sittenstrenger Ton vorgeherrscht zu haben. H. K. hat weder seine Mutter noch Schwester je nackt gesehen; als ihn der Vater einmal (im 5. Jahr) in ein Freibad mitnahm und sie sich in einer gemeinsamen Kabine umkleideten, will er über die Größe des väterlichen Geschlechtsorganes (im Vergleich zu seinem kleinen) arg erschrocken gewesen sein. Noch heute ist er unsicher, wenn er sein Organ mit demjenigen anderer vergleicht: er weiß nicht, ob das seinige der »normalen Größe« entspricht.

Die panische Scheu, welche die Mutter hinsichtlich sexueller Fragen hatte, veranlaßte sie, dem Sohn große Ängste in dieser Beziehung einzujagen. Als ihn die Mutter einmal dabei ertappte, daß er das Glied berührte, drohte sie ihm, es ihm abzuschneiden; auch äußerte sie sich darüber, daß Berührungen dieser Sphäre schwerste Krankheiten auslösen könnten. Es kann nicht wunder nehmen, daß H. K. die harmlose Pubertätsonanie als schweren Makel empfand. Er wartete buchstäblich darauf, die Symptome beginnenden Geistesverfalls oder den Kräfteschwund, den ihm die Mutter angedroht hatte, an sich zu verspüren. Glücklicherweise soll ein Pfarrer im Konfirmandenunterricht diese Frage in sachlicher Weise erörtert haben, womit des Patienten Ängste einigermaßen gemildert wurden.

Gegen das 20. Lebensjahr fällt die erste Sexualerfahrung des Patienten mit einem gleichaltrigen Mädchen, das bereits über genügend Kenntnisse verfügte, um den ängstlichen und innerlich widerstrebenden H. K. zu verführen. Die sexuellen Kontakte dauerten über ein Jahr und waren von einer gewissen Regelmäßigkeit: die Partnerin des Patienten war liebevoll und hatte Verständnis für seine innere Unsicherheit, wodurch anfängliche Übererregbarkeit und ejaculatio praecox überwunden wurden. Als H. K. in seinem 22. Jahre dann seine jetzige Frau kennenlernte (die unerfahren war), kam es bald zu befriedigendem Sexualverkehr, der auch bis auf den Behandlungsbeginn keine weiteren Schwierigkeiten bot. Der Patient ist potent und auch seine Frau voll empfindungsfähig: ihr Liebesleben darf als durchaus gesund angesprochen werden.

Die Probleme von H. K. liegen demnach im wesentlichen auf der Seite des Berufes und der allgemeinen mitmenschlichen Beziehungen. Die obige Anamnese, die wir in ca. zehn Behandlungsstunden weitgehend detaillierter erarbeiten konnten, zeigte uns das Bild eines intelligenten, schizoiden Menschen, der an ausgesprochener Kontaktschwäche litt. Der berufliche Mißerfolg hatte diese entscheidend aggraviert.

Die nun folgenden Befunde und Beobachtungen stammen aus einer kurzen Psychotherapie von lediglich 35 Behandlungsstunden: aus finanziellen Gründen brach der Patient hernach die Behandlung ab, insbesondere auch deshalb, weil seine akuten Berufsprobleme, die ihn in die Psychotherapie geführt hatten, zumindest grosso modo gelöst waren.

Es galt zunächst, die berufliche Situation des Patienten abzuklären. Schon aus seinen Schilderungen, des weiteren aber auch aus Rückfragen an seinen früheren Arbeitsplätzen, ergab sich eindeutig, daß er für seinen Beruf vortrefflich geeignet war. Die Krisis im Anschluß an die so traumatisch empfundene Entlassung war tatsächlich in erster Linie ein Problem der Umstellung von ländlichen auf städtische Verhältnisse gewesen. Es gelang nach einigen Aussprachen, den Patienten von seinem beruflichen und menschlichen Wert zu überzeugen und ihm den Entschluß nahezulegen, sich eine neue Stelle zu suchen. Diese wurde auch sofort in einem Büro, dessen Leiter und Mitarbeiter den Patienten außerordentlich zuvorkommend und verständnisvoll aufnahmen, gefunden. Er wurde sehr sorgfältig in seinen neuen Arbeitskreis eingeführt und hätte allen Grund gehabt, sich darin zurechtzufinden.

Aber seine bereits angedeutete Charakter- und Persönlichkeitsstruktur stellte sich der beruflichen Eingliederung äußerst hemmend entgegen. So konnte er trotz steter und unerschütterlicher Freundlichkeit seines Chefs nicht die Angst überwinden, die er jedesmal empfand, wenn dieser das Wort an ihn richtete. Er erwartete buchstäblich jeden Tag, daß er fristlos entlassen würde, dies sogar noch dann, als bereits der Arbeitsvertrag unterschrieben und der Chef ihm seine Zufriedenheit zum Ausdruck gebracht hatte. Die Eigenart dieses Chefs, seinen Mitarbeitern in fast allen Stücken freie Hand zu lassen und sich nur gelegentlich um die Entwicklung der ihnen überlassenen Projekte zu kümmern, versetzte H. K. in große Unruhe, weil er am liebsten immerfort bestätigt haben wollte, ob er sich in seinen Entwürfen und Planungen auf dem rechten Wege befände. Seine Ängstlichkeit wurde auch dadurch nicht geändert, daß fehlkonstruierte Pläne, in denen oft wochenlange Arbeit steckte, wortlos und ohne Tadel beiseitegelegt wurden: es wurde einfach der Auftrag erteilt, nach den neuen Richtlinien weiter zu konstruieren. Auch die Mitarbeiter dieses Büros waren gänzlich auf diesen lockeren, unbeschwerten Arbeitsstil eingestellt: nur H. K. hatte Gewissensbisse, wenn sich die »Erfrischungspausen« oder die kollegialen Privatgespräche über Gebühr ausdehnten; ihm wäre es am liebsten gewesen, stets hinter seinem Arbeitspult zu stehen und die geselligen Kontakte zu vermeiden.

Indem durch intensive Psychotherapie diese Kontaktscheu auf ihre infantilen Quellen zurückgeführt wurde, gelang es dem Patienten in erstaunlich kurzer Zeit, bessere Beziehungen zu seinen Mitarbeitern im Geschäft herzustellen. Er wurde von dem einen oder anderen sogar nach Hause eingeladen und es entwickelte sich eine Art freundschaftlicher Kollegialität zu einem ca. gleichaltrigen Kollegen, die zu wechselseitigen häuslichen Besuchen führte. Nur das Verhältnis zum Chef blieb innerlich gespannt und durch Projektionen aus der Vaterimago belastet: es steigerte sich beinahe in eine Krise hinein, als H. K. einen Auftrag erhielt, der seine Fähigkeiten auf eine empfindliche Probe stellte. Es handelte sich um eine schwierige Konstruktion, zu der ihm manche Voraussetzungen fehlten: es kostete ihn unsägliche Mühe, sich an den Chef um entsprechende Aufklärung zu wenden. Während dieser Zeit äußerte er des öfteren den Wunsch, seine Stelle wieder aufzugeben und einen »einfacheren, anspruchsloseren Beruf« auszuüben. Glücklicherweise gelang es ihm jedoch, seine Aufgabe mit Erfolg durchzuführen: das Gelingen gab ihm ein wenig Auftrieb.

Der schwankende Charakter seiner Chef-Beziehung blieb jedoch weiterhin erhalten. Die Firma hatte sehr viel Arbeit und unser Patient wußte, daß man auf ihn angewiesen war. In den therapeutischen Gesprächen war auch gelegentlich der Hinweis gegeben worden, daß er seinen Fluchttendenzen schon deshalb nicht nachgeben solle, weil er ja seinen liebenswürdigen und menschlich verständnisvollen Chef nicht im Stich lassen dürfe. Die innere Einstellung des Patienten jedoch, der sich rational mit diesem Argument durchaus einverstanden erklärte, spiegelte sich in einem Traum, der in dieser Behandlungsperiode geträumt wurde.

Der Patient sah sich auf einer Brücke über einem reißenden Fluß stehen. Das Wetter war stürmisch und düster; von der Brücke aus schaute er auf die trüben Wassermassen, die sich ihm entgegenwälzten. Da sah er seinen Chef, von den Wassern mitgerissen, schwimmend daherkommen und gleichsam eine hilfesuchende Gebärde an ihn richten. In einer Art von Erstarrung sei es ihm unmöglich gewesen, dem Bedrohten zu Hilfe zu eilen. Der Rest des Traumes blieb unklar: es hinterblieb der Eindruck, daß der Chef ertrunken sei.

Die Deutung des Traumes im Kontext der damaligen Behandlung war nicht besonders schwierig. Brücke und Fluß erinnerten den Patienten an Örtlichkeiten seines Heimatstädtchens: er gibt an, daß er als Pubertierender oft auf einer solchen Brücke stand und einen Tagtraum nachhing, wobei irgend ein Kind in den Fluß fiel und er selbst es dann als kühner Schwimmer aus den Wellen zog. Dieser Ehrgeiztraum hat zusätzlich noch den Bedeutungshintergrund, daß der Patient ein eher mäßiger Schwimmer war und sich im Schwimmunterricht schämte, daß er in seinen Leistungen — vor allem auch im Springen, wo ihn im Anklang an väterliche Erziehungsprozeduren zur Abhärtung und Ermutigung maßlose Angst behinderte — hinter seinen Kameraden zurückblieb. Der Chef soll übrigens oft die Redewendung gebraucht haben, daß man ja gegenwärtig »in der Arbeit ertrinke«. Der

Traum übersetzte diese Ausdrucksweise in eine visuelle Szene, und H. K. war offenbar zuinnerst nicht sehr geneigt, dem ertrinkenden Chef als Retter in der Not beizuspringen. Inwiefern der »Vaterkomplex« des Patienten an diesem Traum mitbeteiligt war, konnte nicht genauer abgeklärt werden: Todeswünsche gegen den Vater haben früh bestanden und sind bereits weiter oben als Ingredienzien der Persönlichkeitsproblematik in diesem Fall hervorgehoben worden.

Ein weiterer Taum aus dieser Etappe der Behandlung weist in dieselbe Richtung des angsterfüllten Unzulänglichkeitsgefühles mit betonter Isolierungstendenz. Der Patient sah sich in seine Schulzeit zurückversetzt und fand sich im Klassenzimmer vor jenem überstrengen Lehrer, der mit harter Disziplin seine Schüler zu »Männern« machen wollte. Der Lehrer stellte ihm eine Frage, die er nicht zu beantworten wußte: die Frage wurde nun mehrfach in einem immer bedrohlicher werdenden Ton wiederholt, bis der Patient schweißgebadet aus seinem Angsttraum erwachte. Auch hier ergab die Deutung lebensgeschichtliche Zusammenhänge, die die Gegenwartssituation des Patienten mit seinem »vorgeschichtlichen Material« kontaminierten; der betreffende Lehrer hatte die Gewohnheit, einen unwissenden Schüler nicht nur zu tadeln, sondern ihn durch längeres Hinhalten in seiner Unwissenheitssituation vor der Klasse lächerlich zu machen. H. K. war dies einige Male geschehen und als eine Art Alptraum in Erinnerung geblieben. Eine ähnliche Attitüde zeigte auch der Vater, wenn er sich von seinen Kindern angelogen glaubte: gleich einem Inquisitor unterzog er dann den Schuldigen einem peinlichen Verhör, bei dem »handgreifliche Bestrafung« gewöhnlich schon vor der »Schuldermittlung« gleichsam als »Vorschuß« gegeben wurde. Die Befragung, in der der Patient in seiner Gegenwart stand, war sinngemäß die *berufliche*: ihm schien es zunächst unmöglich, die richtige Antwort auf seine beruflichen Fragen zu finden.

Natürlicherweise spiegelte sich die komplexhafte Belastung des Patienten auch in seinem Übertragungsverhältnis deutlich wider. Nach einigen Sitzungen wurde er dazu aufgefordert, seine Eindrücke von der Behandlung schriftlich niederzulegen. Fast alles, was er äußerte, war von Mißtrauen und Resignation durchdrungen. Vor allem hatte er auch Angst, daß er bei seinen Konsultationen von Bekannten oder Mitarbeitern gesehen werden könnte: er fürchtete, dadurch als komischer Kauz oder Sonderling abgestempelt zu werden. Es bedurfte längerer Aussprachen, um ihm die Psychotherapie als etwas

»völlig Normales« vor Augen zu führen, als eine Förderung seiner Selbst- und Menschenkenntnis, die er durchaus nicht verbergen, sondern als eine Art Schulung und Persönlichkeitsbildung freimütig vertreten dürfe. Ein glücklicher Zufall erleichterte die Einsicht von H. K. in die Plausibilität unserer Anschauung: Er mußte gemeinsam mit seinem Chef eine entfernte Baustelle inspizieren, zu welchem Zwecke eine Tagesreise notwendig war; diese wurde per Auto durchgeführt. Dabei ergab sich Gelegenheit zu einem Kontakt, wie er bis dahin noch nicht möglich gewesen war. Der Patient erwartete äußerst unruhig diesen Reisetag und fragte sich, ob er nicht durch seine unbeholfene und schwerfällige Art einen sehr mühsamen Reisebegleiter abgeben werde. Wir schlugen ihm vor, auf dieser Reise offenherzig den Chef zu fragen, ob er mit ihm zufrieden sei, und ihm gleichzeitig zu gestehen, daß er stets eine gewisse Hemmung und Unsicherheit in sich verspüre, die ihm den Umgang allgemein — so auch mit dem Chef — schwermache. Der Patient wagte es in der Tat, diese Äußerungen im Gespräch anzubringen: die Reaktion des Chefs war freundschaftlich und verständnisvoll, bestand in aufmunternden und das Selbstwertgefühl des Patienten durchaus bestätigenden Worten und schloß mit dem Rat: »Wenn es Ihnen weiterhin noch zu schaffen macht, so würde ich Ihnen empfehlen, einen Psychotherapeuten aufzusuchen.« Worauf der Patient erwidern konnte, daß er sich bereits in Behandlung befinde.

Die insgesamt 35 Behandlungsstunden waren nicht ausreichend, das Gesamtbild der psychischen Situation des Patienten herauszuarbeiten. Es gelang, seine Anpassung an das Berufsmilieu zu festigen; er begann einzusehen, daß er durch Projektion und Reminiszenzen seiner unglücklichen Jugend viele Verhaltensweisen seiner Umgebung mißverstand; indem er sich im psychotherapeutischen Gespräch eröffnete, lernte er auch allgemein, sich freier und zwangloser zu geben. Da er sich in der Firma wohlzufühlen begann, fand er es nicht mehr für nötig, die Behandlung fortzusetzen; auch finanzielle Gründe mögen, wenn auch nicht maßgeblich, mit im Spiele gewesen sein.

Der Abbruch der Therapie war für den Therapeuten unbefriedigend, da ihm durchaus klar war, daß die pathogenen Voraussetzungen nur abgeschwächt, nicht aber gänzlich entschärft worden waren. Der Patient bot in jenem Stadium keine manifesten Konflikte; aber seine psychische Disposition wies Lücken und Bruchstellen auf, die bei extremer Belastung wiederum zu pathologischer Erlebnisverarbeitung Anlaß geben konnten. Es drängte sich die Vermutung auf, daß die psychische Gesundheit des Patienten weiterhin von Gunst oder Ungunst der Verhältnisse abhängen werde.

Der weitere Verlauf bestätigte im vollen Umfang diese Befürchtungen. H. K. blieb noch ca. ein Jahr an dieser Stelle und erfreute sich dort, wie bei gelegentlichen telefonischen Anrufen seinerseits zu erfahren war, besten Wohlbefindens und ruhiger, kontinuierlicher Arbeitseinstellung. Nach Ablauf dieses Jahres trat ein Kamerad aus dem Militärdienst, der ein Architekturbüro betreibt, an ihn mit der Aufforderung heran, sein engster Mitarbeiter zu werden. Durch den Übertritt in das Geschäft dieses Bekannten konnte der Patient nicht nur seine Position verbessern, sondern auch Wesentliches in seinem Beruf hinzulernen. Das Angebot war so verlockend, daß der Patient eine ganze Reihe von Bedenken in den Wind schlug, die sich *gegen* den Stellenwechsel erhoben: dies betraf nicht nur den Umstand, daß er sich in seine Firma bereits schönstens eingefügt hatte, sondern auch die Tatsache, daß ihm sein neuer Chef als ein jähzorniger, rücksichtslos-brutaler Mensch bekannt war, der in seinen menschlichen Beziehungen gerne einen »Kommandoton« anschlug. In der Meinung, daß ihre gute Bekanntschaft ihn von dieser Tendenz seines neuen Vorgesetzten freihalten werde, ging H. K. das Arbeitsverhältnis mit ihm ein: sein Abschied wurde nebenbei von seinem verständnisvollen Chef sehr ungerne gesehen, wobei ihm bedeutet wurde, daß er jederzeit zur Firma zurückkehren könne.

Die neue Stelle erwies sich als eine Streß-Situation schlimmster Art. H. K. wurde rasch mit Arbeit und Verantwortung überhäuft; der Chef, der öfters auf Reisen war, ließ ihn ohne genauere Informationen inmitten schwierigster Aufträge zurück. Wenn dann die Arbeiten nicht vorankamen, richtete er Wutausbrüche gegen seine Angestellten, von denen auch unser Patient nicht verschont blieb. Er nahm sich diese Auftritte sehr zu Herzen und begann schon nach wenigen Wochen in seinem neuen Arbeitsverhältnis schlaflos zu werden; gleichwohl konnte er sich nicht dazu entschließen, den Rat seiner Frau zu befolgen, die ihm dringend eine Rückkehr an die frühere Stelle empfahl. H. K. empfand einen solchen »reuigen Rückzug« als beschämend: er wollte »hart« mit sich sein und auf dem zermürbenden Posten ausharren. Auch hatte er Konstruktionspläne angefangen, die er selber zu Ende führen wollte: es handelte sich um Großaufträge, die das Arbeitspensum eines Jahres erforderten.

Gerade zu jener Zeit fiel er einer langwierigen grippösen Erkrankung anheim, die ihn wegen Febrilität ca. drei Wochen ans Bett fesselte. Er konnte es kaum erwarten, so rasch wie möglich wieder an seine Arbeit zurückzukehren: gegen den ärztlichen Rat, der ihm noch eine Erholungspause nahelegte, begann er im geschwächten Zustande wieder zu arbeiten, war aber nicht mehr zu Überstunden fähig, was von seiten seines Chefs zu herber Kritik und ironischen Anspielungen führte. Die Schlaflosigkeit wurde gravierender und der Patient begann, einen Nervenarzt zu konsultieren, der ihm Sedativa gab. Aber angesichts der täglichen psychischen Belastungen, die sich aus der immer unbefriedigender werdenden Zusammenarbeit mit seinem grob und ausfällig werdenden Chef ergaben, war der seelische Zusammenbruch nicht mehr aufzuhalten: nach einer heftigen Auseinandersetzung kam der Patient verwirrt und zerfahren zu Hause an, war mutistisch und verschlossen und äußerte lediglich mit spärlichen Andeutungen, daß »sein Chef es auf ihn sexuell abgesehen habe«. In der Nacht war er äußerst unruhig, hatte das Gefühl, »die Polizei werde ihn abholen« und ängstigte sich bei harmlosen Geräuschen, die er wahnhaft als »Vorbereitung zum Überfall« interpretierte. Sein Aufregungszustand steigerte sich; er holte seinen Militärkarabiner vom Estrich und machte sich dazu bereit, »das Haus gegen seine Feinde zu verteidigen«. Als ihn seine Frau beruhigen wollte, stieß er Verwünschungen gegen sie aus, bedrohte und würgte sie; es gelang ihr, sich seiner zu erwehren und aus der Wohnung zu flüchten. In dieser Notlage wurde der Hausarzt herbeigerufen, der H.K. mit einem starken Schlafmittel zur Ruhe brachte und ihn in eine private Nervenheilanstalt einwies.

In der Heilanstalt verschlimmerte sich das Zustandsbild rasch, indem der Patient paranoide Ideen zum Ausdruck brachte, wonach er das Opfer einer weltweiten Verschwörung sei. Die Einweisung sah er als eine Maßnahme, durch die man ihn »kastrieren« wolle; die Ärzte seien alle mit seinem Chef, dem »Oberteufel«, in geheimer Konspiration. Nicht zu Unrecht wurde die Diagnose einer »paranoiden Schizophrenie« gestellt: die Symptomatik des Patienten wies vielfach in diese Richtung. Es wurde eine Megaphen- und Reserpintherapie eingeleitet und eine Insulinkur in Aussicht genommen.

Erst zu diesem Zeitpunkt wandte sich die Gattin des Patienten wieder an uns. Wir setzten uns mit der Sanatoriumsleitung in Verbindung und schlugen vor, innerhalb der Anstalt die Psychotherapie des Patienten zu übernehmen. Da der Patient selber in lichten Momenten unseren Namen nannte und den Wunsch nach einer Kontaktaufnahme mehrfach geäußert hatte, wurde dieser Vorschlag angenommen, und wir hatten während sechs Wochen täglich eine ein- bis zweistündige Sitzung mit dem Patienten.

Wie vorauszusehen war, wurden wir bald in sein Wahnsystem einbezogen und in die Reihe der Verfolger eingereiht, die es offenbar auf seine »sexuelle Potenz« und auf seine »persönliche Freiheit« abgesehen hatten. Im Sinne der intensiven Psychotherapie nahmen wir diese Rolle, die uns der Patient aus seinem Sicherheitsbedürfnis heraus zugeschrieben hatte, zunächst an: es ging uns darum, in seine Wahnwelt einzutreten und in ihr Fuß zu fassen. Ungeachtet seiner herabsetzenden und aggressiven Bemerkungen versicherten wir ihm immer wieder unserer Freundschaft und unseres Wohlwollens: gleichzeitig begannen wir in Momenten besserer Zugänglichkeit, den »Sinn« seiner Psychose als Rückzugsbewegung aus einer unerträglich gewordenen mitmenschlichen Situation zu deuten. In der vorausgehenden Kurzanalyse hatte der Patient bereits viel über die Nachwirkungen seines Vaterverhältnisses in seinem ganzen emotionellen und beruflichen Leben erfahren: wir konnten gut daran anknüpfen, indem wir ihm lebensgeschichtliches Material in Erinnerung brachten, das er selber uns ausführlich mitgeteilt hatte. Die erste Wirkung dieser Deutungen bestand nicht etwa darin, daß der Patient sein Wahnsystem preisgab; er wurde aber ruhiger und williger in seinem ganzen Verhalten, so daß die Anstaltsleitung davon absehen konnte, die geplante Insulintherapie durchzuführen.

Der Therapeut ist sich rückblickend, wie so oft in solchen Fällen, nicht klar bewußt, in welchem Zeitpunkt ihm der entscheidende Einbruch in den Wahn des Kranken gelang. In einem der Gespräche, in dem der Kranke sehr affektgeladen reagierte, deuteten wir symbolisch eine »mütterliche Umarmung« an, versicherten ihn eindringlich unserer Liebe und wiederholten ihm mit allem Nachdruck, daß wir ihn immer gegen alle Mächte der Welt beschützen würden. Gleich im Anschluß daran schilderten wir ihm in einer Art von Monolog die Hauptstationen seiner Lebensgeschichte und sagten ihm, wir verstünden durchaus, daß er sich verfolgt fühlen mußte, da er ja stets im Leben unter der Härte der anderen gelitten habe. Als wir dann ausriefen, er müsse nun keine Angst mehr haben, da er in uns einen »guten Vater« gefunden habe, der die Einwirkungen seines »bösen Vaters« gutmachen werde, begann der Patient fassungslos zu weinen und schmiegte sich an den Therapeuten. Es scheint, daß sich in dieser Sitzung die Nacht seiner Psychose wesentlich aufzuhellen begann: Patient war am nächsten Tag wie einer, der aus einem Traum erwacht ist, und war nicht abgeneigt, Pläne für die Zukunft zu schmieden, die er jedoch immer wieder resigniert mit dem Ausspruch: »Ich kann mir gar nicht vorstellen, wie es nachher weitergehen soll!« abbrach. Nach weiteren vierzehn Tagen jedoch war er bereits entlassungsfähig: er verabschiedete sich dankbar von den Sanatoriumsärzten, bei denen er sich für seine »Verschrobenheit« während seiner Erkrankung entschuldigte.

Nun folgte die Weiterführung der Psychotherapie außerhalb des Sanatoriums mit vier bis sechs Wochenstunden während viereinhalb Monaten. Der Patient war sehr kooperativ und aufnahmebereit; schon nach kurzer Zeit konnten wir daran gehen, sein Wahngeschehen im Zusammenhang mit seiner Lebensgeschichte zu deuten und ihm die Einsicht in dessen Psychogenese zu vermitteln. Der Patient lernte verstehen, daß der Wahn Reaktionsmöglichkeiten zutage gefördert hatte, die zutiefst in ihm verborgen lagen; da sie nun manifest geworden waren, sollte er sie nicht verdrängen und dem Vergessen anheimfallen lassen, sondern sie in sein Leben und Erleben integrieren (siehe dazu auch *A. R. Bodenheimer*, »Erlebnisgestaltung — Darstellung eines Verfahrens zur Psychotherapie von Psychosen«, 1957). Eine wesentliche Unterstützung unserer Therapie lag darin, daß der ehemalige (verständnisvolle) Chef, der vom Zusammenbruch H. K.s gehört hatte, persönlich an ihn mit der Bitte herantrat, wieder die Arbeit bei ihm aufzunehmen. Der Patient wurde im Büro wieder freundschaftlich aufgenommen, erlebte aufs Neue die ruhige und sachliche Atmosphäre eines wohlgeordneten Betriebes und vor allem die Sympathie eines Chefs, bei dem er hohe Wertschätzung als Mensch wie als Arbeitskraft genoß.

In Erinnerung an den unzulänglichen Gesundheitsschutz, welchen unsere vorzeitig abgebrochene erste Therapie geboten hatte, waren wir diesmal sehr darauf bedacht, die ganze Charakterproblematik sorgfältig durchzuarbeiten. Zu diesem Zwecke hatten wir auch zahlreiche Aussprachen mit der Gattin des Patienten, die sich nun uns gegenüber freier und rückhaltloser mitteilte als vorher. Das Bild einer guten und glücklichen Ehe, das wir anfangs gewonnen hatten, mußte nicht korrigiert werden; wir erfuhren aber, daß sich des Patienten ängstlich-besorgte Einstellung in tausend kleinen Alltagssymptomen äußerte, auf die die Frau nach unserer Anleitung einen günstigen Einfluß nehmen konnte. Um nur ein Beispiel für viele zu nennen: H. K. war in Geldfragen kleinlich und pedantisch, wiewohl er beträchtliche Ersparnisse und einen ansehnlichen Lohn hatte, was beides — rational gesehen — finanzielle Befürchtungen hätte ausschließen können. Es ergab sich im Zuge der Therapie, daß dieser »Geldkomplex« mit seiner allgemeinen Lebensangst in Verbindung gebracht werden konnte, worauf der Patient sich nach einigem Widerstreben zu einer sorgloseren Lebensführung entschloß. Ein Zeichen hierfür war etwa die Anschaffung eines Autos; als er später noch ein Zelt kaufte, machte das Paar große Ausflüge mit »Camping«, wobei der Patient eine solche Freude am sportlichen Lagerleben entwickelte, wie es ihm seine Frau nie zugemutet hätte.

Als ihm sein Chef in einem Vorort Zürichs, wo mehrjährige Bauten auszuführen waren, ein Einfamilienhäuschen zu günstigem Preise anbot, ging H. K. gerne darauf ein und assimilierte sich rasch im dörflichen Milieu. Er schloß Bekanntschaften im Dorf, und als er uns mitteilte, daß er in den Turnverein und in den Männerchor eingetreten sei, erachteten wir den Zeitpunkt als geeignet für die Beendigung der Behandlung. Wir bekamen vom Patienten und seiner Gattin immer wieder Kartengrüße von ihren Campingreisen, gelegentlich bestätigte er uns durch telefonische Anrufe sein Wohlbefinden: zweimal besuchten wir ihn auf seine sehr herzliche Einladung hin in seinem Hause.

Die *Katamnese* aus dem Jahre 1961 bestätigt im vollen Umfange die Heilung und die ungebrochene Persönlichkeitsentwicklung H. K.s. Er ist immer noch in derselben Firma tätig, wo er zur besten Zufriedenheit seines Chefs einen verantwortungsvollen Posten innehat. Er muß größtenteils selber in allen Sachfragen entscheiden und mit der Kundschaft die wichtigsten Verhandlungen führen. Er benimmt sich hierbei frei und ungehemmt und bewahrt auch absolute Ruhe und Sachlichkeit, wenn die Kunden ihre Kritiken und ihre mitunter kapriziösen Wünsche affektiv und gereizt vorbringen: man hat ihn schon gelegentlich wegen seiner »Seelenruhe« bewundert. Das Eheleben ist weiterhin ungetrübt und in physischer wie in psychischer Beziehung in bester Ordnung. In seiner Freizeit pflegt der Patient gerne in seinem Garten zu arbeiten, liest auch gerne belletristische und populärwissenschaftliche Bücher — das Paar besucht auch mit Interesse Konzerte, Theater und Vorträge. Im Lichte dieser Katamnese scheint es gerechtfertigt, für die Erkrankung des Patienten die Diagnose einer *schizophrenen Reaktion* zu stellen, deren lebensgeschichtliche Ursprünge u. E. klar zutage treten.

In einer frühen Arbeit aus dem Jahre 1909 hat C. G. *Jung* »Die Bedeutung des Vaters für das Schicksal des Einzelnen« gewürdigt. Wir finden darin eine aufschlußreiche Stelle, an die wir anknüpfen wollen, ohne die darin enthaltene »Libidomechanik« allzu ernst zu nehmen; der Autor schreibt: »*Freud hat auf die Tatsache hingewiesen, daß das affektive Verhältnis des Kindes zu den Eltern und insbesondere zum Vater eine ausschlaggebende Bedeutung für den Inhalt einer späteren Neurose besitzt. Das Verhältnis zu den Eltern ist in der Tat der infantile Kanal par excellence, in den die auf Hindernisse stoßende Libido des späteren Lebens zurückflutet und dadurch längst vergessene Inhalte der Kindheit wieder belebt. Immer ist es ja so im menschlichen Leben, wenn wir vor einem zu großen Hindernisse, einer drohenden schweren Enttäuschung oder dem Wagnis eines zu weitreichenden Entschlusses zurückweichen, daß die zur Lösung der Aufgabe angesammelte Energie zurückflutet und die alten Flußbetten, die obsolet gewordenen Systeme der Vorzeit, wieder auffüllt . . . Jede Analyse, die einigermaßen gründlich durchgeführt ist, zeigt diese Regression mehr oder minder deutlich. Eine Besonderheit, die aus den Arbeiten Freuds hervorleuchtet, ist der Umstand, daß die Beziehung zum Vater eine eigenartige Bedeutung zu besitzen scheint*«. (S. 1/2).

Jungs Zitat könnte unserer oben wiedergegebenen Krankengeschichte als Motto vorangestellt werden. Es unterliegt keinem Zweifel, daß die Problematik unseres Patienten zutiefst durch seine Vaterbeziehung geprägt wurde. Aber wir möchten nicht in die Einseitigkeit verfallen, von einem »schizophrenogenen Vater« zu sprechen; nur die *Gesamtheit aller Lebensumstände* kann Aufschluß über die Gründe einer menschlichen Fehlentwicklung geben. Zu diesen Umständen gehören etwa die schlechte Ehe der Eltern, die man durchaus in die Kategorie der »poor or broken homes« (*Kallmann*) unterbringen kann; des weiteren die schwache, selbstunsichere und durch Partnerschaft und Armut zermürbte Mutter, die das Liebesbedürfnis ihrer Kinder nicht zu stillen vermochte; der mürrische und jähzornige Vater, der seinen Kindern als launisch-strafender Popanz gegenübertrat und sie durch seine überstrengen Maßstäbe zutiefst entmutigte; die Stellung als Jüngster in einer Geschwisterreihe, die durch die Knappheit der häuslichen Verhältnisse und die ehelichen Zerwürfnisse der Eltern nicht gelernt hatte, in Frieden miteinander auszukommen und sich zumeist in Rivalität und Feindseligkeit bekämpfte, wobei der Jüngste als der Schwächste in die ungünstigste Position geriet; zahlreiche traumatische Kindheitserlebnisse, die die kindliche Psyche in ihrer besonderen Vulnerabilität gegen Angst empfindlich trafen und als Schutz und Abwehr eine schizoide Lebenseinstellung inaugurierten; Mangel an freimütig gezeigter Zärtlichkeit im familiären Leben und völlige Verdrängung sexueller Probleme durch Prüderie und falsche Scham, sowie — last not least — die unter dem Eindruck der Hilflosigkeit gegenüber erzieherischen und sozialen Benachteiligungen erfolgte Abspaltung jeglicher aggressiver Regungen, wodurch der Patient außerstande war, sich in stürmischen Lebenssituationen »seiner Haut zu wehren«.

Eine außergewöhnliche Sensibilisierung gegen Kritik, Tadel und Mißerfolg scheint die »wunde Stelle« des Patienten gewesen zu sein, an der die zwischenmenschlichen Noxen einsetzen mußten, um sein psychisches Gleichgewicht über den Haufen zu werfen. Wenn es wahr ist, daß sich der Mensch — wie *Jung* sich im erwähnten Aufsatz ausdrückt — »mit der familiären Bruchfläche der Welt anzupassen sucht« (S. 10), so mußte H. K. seine Beziehungen zu seinen Vorgesetzten unter den maßlosen »Parataxien« (*Sullivan*) seiner Vaterimago aufbauen. Er war nicht imstande, die Realität seiner Vorgesetzten zu perzipieren, solange er sein Vatererlebnis nicht gründlich durchgearbeitet hatte. Hinter seiner korrekten und reservierten Haltung verbarg er seine Kontaktscheu, die auf zutiefst pessimistischen Auffassungen über die Möglichkeiten mitmenschlicher Kommunikation gründete. Ihm erschien die Welt als eine ihn bedrohende und ihn vernichtenwollende Instanz, als sich der berufliche Mißerfolg einzustellen begann. Die Entlassung an seiner ersten Züricher Stelle deutete bereits »blitzlichtartig« den evtl. möglichen Zusammenbruch an: damals konnte die kurze Psychotherapie die akute Gefahr vom Patienten abwenden, erwies sich aber als nicht dauerhaft genug, als H. K. an seinem groben und brutalen Chef der ganzen Wucht traumatisierender Einflüsse über Monate hinweg ausgesetzt war. Dieser Chef brachte es offenbar zustande, die ganze Angstwelt seiner Kindheit wieder ins Leben zu rufen; der Ausweg des Sich-Wehrens durch eigene Aggression war für den Patienten versperrt, da er seit seinen Jugendjahren daran gewöhnt war, das Opfer aggressiver Handlungen anderer zu sein. Als nun Bedrohung und Frustration zu einem für den

Patienten unerträglichen Maß anwuchsen, als er mit seinem psychischen Instrumentarium (auch geschwächt durch seine körperliche Erkrankung) den »Streß« nicht mehr zu bewältigen vermochte, regredierte er mit Hilfe schizophrener Erlebnisformen in die akute Psychose, die ihm eine Imitation von Sicherheit zu schaffen vermochte. Das paranoide Element spiegelte die tatsächliche Bedrückung, die der Patient an seinem Chef erlebt hatte: mit dem Verstand eines zweijährigen Kindes (zu dem die Psychose nach der analytischen Psychosenlehre regrediert) ließe sich ein solches Arbeitsverhältnis begreiflicherweise durchaus im Sinne eines ungeheuren Komplottes aller Welt gegen das sich beeinträchtigt fühlende Individuum formulieren. Die sexuelle Symbolik, deren sich der Wahn bediente, hat unseres Wissens gar keinen realen Hintergrund: es scheint, daß der Wahn (ähnlich wie der Traum) die sexuelle Bildersprache wegen ihrer Eindringlichkeit und ihres Affektgehaltes bevorzugt, wobei man vorsichtig genug sein soll, im Sexuellen oft nur einen modus dicendi zu sehen; man möge sich durch vage Analogien nicht zu einer sexuellen Psychosentheorie verführen lassen:

Hamlet: Ist diese Wolke nicht wie ein Kamel?
Polonius: Ja, Herr, ganz wie ein Kamel!
Hamlet: Doch sagt, gleicht sie nicht eher einem Wiesel?
Polonius: Gewiß, ganz wie ein Wiesel!

Das Analogiedenken der frühen Psychoanalyse hat mitunter in dieser Weise Schlußfolgerungen gezogen; uns will scheinen, daß die homosexuelle Ätiologie der Paranoia, erstmals ausgesprochen in *Freuds* »Schreber-Studie«, von solchen voreiligen »Beobachtungen« ausgeht. Man sollte sich diesbezüglich die Mahnung vor Augen halten, die *M. Boss* am Internationalen Symposion über Schizophrenie (Lausanne 1956) ausgesprochen hat; er formuliert eine Frage, bekennt sich aber auch hiermit zur naheliegenden Antwort: »Oder sind die genitalen Strebungen, die sich bei Schizophrenen im Verlaufe einer Psychotherapie oft so aufdringlich und übermächtig zeigen, vielleicht nur ein äußeres Gewand für etwas viel Kleinkindhafteres? Vergreifen sich dabei also vielleicht die Schizophrenen gleichsam im Medium, greifen sie in inadäquater Weise zu hoch und meinen bei allem Agieren im genitalen Leib-, Denk- oder Wunschbereich immer nur ein kleinkindliches Geborgen- oder Gestilltwerdenwollen?« (»Symposion«, S. 305).
Auch in unserem Falle brachte der Patient sein psychotisches

Anliegen teilweise in der Sprache der Verfolgung und auch im Jargon des (homosexuellen) Überwältigtwerdens zum Ausdruck: überwältigt fühlte er sich jedoch nicht nur von der Person seines bedrohlichen Chefs, sondern von allen harten und grausamen Aspekten der Wirklichkeit, die ihn seit seinen Kindheitstagen an einem vollentfalteten Menschsein gehindert hatten. Die »Flucht in die Psychose« war nicht ein jäher Einbruch undefinierbarer Gewalten; sie war der Schlußpunkt einer langen Entwicklung, die sich im Innersten der betroffenen Persönlichkeit, von der Umwelt nur in Fragmenten bemerkt, vollzogen hatte.

Solche Schicksale und Lebensläufe zu verstehen ist eine eminent psychologische Aufgabe. Es erfordert dies eine lebendige Verbundenheit mit dem Kranken, die am besten in der psychotherapeutischen Bemühung um ihn erworben wird. Aus den Bestrebungen der Psychosentherapie ist u. E. das psychologische Fundament der psychiatrischen Wissenschaft zu legen, auf dem sich die Psychiatrie der Zukunft erheben wird; denn *E. Bleuler* sagte schon im Jahre 1916: »Ziemlich viel Wert habe ich auf das psychologische Verständnis gelegt, weil eine Psychiatrie ohne Psychologie eine Krankheitslehre ohne Physiologie ist« (»Lehrbuch«, S. III).

Wir sind am Ende unserer Betrachtungen angelangt. Diese haben sich zum Ziele gesetzt, die schizophrene Reaktion im Lichte der tiefenpsychologischen Psychosentheorie zu diskutieren; das ganze Schizophrenieproblem wurde hierbei von seinen psychogenetischen Aspekten her aufgerollt. Dadurch wurde die Psychose mit ihren scheinbar unverständlichen und uneinfühlbaren Symptomkomplexen zu Phänomenen der Normalpsyche in Beziehung gesetzt: dieselben Gesetzmäßigkeiten etwa, die das Träumen seelisch gesunder Menschen determinieren, sind so vollständig in der Phänomenologie der Geisteskrankheiten verwirklicht, daß man versucht ist, den Wahnsinn einen »langen Traum« zu nennen. Dieser Gedanke, den die Tiefenpsychologie in weitesten Zusammenhängen plausibel gemacht hat, findet sich nicht erst in den Schriften der neueren psychiatrischen und psychologischen Forschung, sondern bereits in den Werken *Schopenhauers*, den *Freud* als einen der größten Vorläufer der Psychoanalyse bewundert und gewürdigt hat. Als Abschluß unserer Untersuchungen seien die betreffenden Stellen aus »Die Welt als Wille und Vorstellung« wiedergegeben, die den berühmten romantischen Philosophen als einen der tiefsten Seelenkenner aller Zeiten ausweisen; *Schopenhauer* schreibt:

»Daß heftiges geistiges Leiden, unerwartete entsetzliche Begebenheiten häufig Wahnsinn veranlassen, erkläre ich mir folgendermaßen: Jedes solche Leiden ist immer als wirkliche Begebenheit auf die Gegenwart beschränkt, also nur vorübergehend und insofern noch immer nicht übermäßig schwer: überschwänglich groß wird es erst, sofern es bleibender Schmerz ist: aber als solcher ist es wieder allein ein Gedanke und liegt daher im *Gedächtnis:* wenn nun ein solcher Kummer, ein solches schmerzliches Wissen, oder Andenken, so qualvoll ist, daß es schlechterdings unerträglich fällt, und das Individuum ihm unterliegen würde, — dann greift die dermaßen geängstigte Natur zum *Wahnsinn* als zum letzten Rettungsmittel des Lebens: der so gepeinigte Geist zerreißt nun gleichsam den Faden seines Gedächtnisses, füllt die Lücken mit Fiktionen aus und flüchtet so sich von dem seine Kräfte übersteigenden geistigen Schmerz zum Wahnsinn, — wie man ein vom Brande ergriffenes Glied abnimmt und es durch ein hölzernes ersetzt. — ... Ein schwaches Analogon jener Art des Übergangs vom Schmerz zum Wahnsinn ist dieses, daß wir alle oft ein peinigendes Andenken, das uns plötzlich einfällt, wie mechanisch, durch irgend eine laute Äußerung oder Bewegung verscheuchen, uns selbst davon abzulenken, mit Gewalt uns zu zerstreuen suchen« (»Die Welt als Wille und Vorstellung«, 1. Bd., 3. Buch, Abschn. 36).

Und weiter an anderer Stelle: »Die im Texte gegebene Darstellung der Entstehung des Wahnsinns wird faßlicher werden, wenn man sich erinnert, wie ungern wir an Dinge denken, welche unser Interesse, unseren Stolz, oder unsere Wünsche stark verletzen, wie schwer wir uns entschließen, dergleichen dem eigenen Intellekt zu genauer und ernster Untersuchung vorzulegen, wie leicht wir dagegen unbewußt davon wieder abspringen, oder abschleichen, wie hingegen angenehme Angelegenheiten ganz von selbst uns in den Sinn kommen und; wenn verscheucht, uns stets wieder beschleichen, daher wir ihnen .stundenlang nachhängen. In jenem Widerstreben des Willens, das ihm Widrige in die Beleuchtung des Intellekts kommen zu lassen, liegt die Stelle, an welcher der Wahnsinn auf den Geist einbrechen kann. Jeder widrige neue Vorfall nämlich muß vom Intellekt assimiliert werden, d. h. im System der sich auf unseren Willen und sein Interesse beziehenden Wahrheiten eine Stelle erhalten, was immer Befriedigenderes er auch zu verdrängen haben mag. Sobald dies geschehen ist, schmerzt er schon viel weniger:

aber diese Operation selbst ist oft sehr schmerzlich, geht auch meistens nur langsam und mit Widerstreben vonstatten. Inzwischen kann nur sofern sie jedesmal richtig vollzogen worden, die Gesundheit des Geistes bestehen. Erreicht hingegen, in einem einzelnen Fall, das Widerstreben und Sträuben des Willens wider die Aufnahme einer Erkenntnis den Grad, daß jene Operation nicht rein durchgeführt wird; werden demnach dem Intellekt gewisse Vorfälle oder Umschläge völlig unterschlagen, weil der Wille ihren Anblick nicht ertragen kann; wird alsdann, des notwendigen Zusammenhanges wegen, die dadurch entstandene Lücke beliebig ausgefüllt, — so ist der Wahnsinn da. Denn der Intellekt hat seine Natur aufgegeben, dem Willen zu gefallen: der Mensch bildet sich jetzt ein was nicht ist. Jedoch wird der so entstandene Wahnsinn jetzt die Lethe unerträglicher Leiden: er war das letzte Hilfsmittel der geängstigten Natur, d. i. des Willens . . . Der obigen Darstellung zufolge kann man also den Ursprung des Wahnsinns ansehen als ein gewaltsames ›Sich aus dem Sinn schlagen‹ irgend einer Sache, welches jedoch nur möglich ist mittels ›Sich in den Kopf setzen‹ irgend einer anderen« (»Die Welt als Wille und Vorstellung«, 2. Bd., 3. Buch, Kap. 32).

Literaturverzeichnis

Adler, Alfred: Über den nervösen Charakter. Wien 1922 (Fischer Taschenbuch Bd. 6174).
— Praxis und Theorie der Individualpsychologie. München 1924 (Fischer Taschenbuch Bd. 6236).
— Heilen und Bilden. München 1928 (Fischer Taschenbuch Bd. 6220).
— Der Sinn des Lebens. Wien 1935 (Fischer Taschenbuch Bd. 6179).
Allers, Rudolf: Über psychogene Störungen in sprachfremder Umgebung. Zschr. f. d. ges. Neur. u. Psych., Bd. 60, 1920.
Baeyer, W. v.: Das psychiatrische Krankenhaus. Psyche, X. Jgg., 4. Heft, Juli 1956.
Balduzzi, Edoardo: La psychose puerpérale. L'encéphale, 40. Jgg., 1951.
Bally, Gustav: Einführung in die Psychoanalyse Sigmund Freuds. Hamburg 1961.
— Ordnung und Ursprünglichkeit, Zuwendung und Ziel. Psyche, IX. Jgg., 6. Heft, Sept. 1955.
— Gedanken zur psychoanalytisch orientierten Begegnung mit Geisteskranken. Psyche, X. Jgg., 7. Heft, Okt. 1956.
Beers, Clifford W.: Eine Seele, die sich wiederfand. Basel 1941.
Bellak, Leopold: Dementia praecox. New York 1948.
— Schizophrenia. New York 1957.
Benedetti, Gaetano: Psychotherapie eines Schizophrenen. Psyche, IX. Jgg., 1. Heft, April 1954.
— Analytische Psychotherapie der Psychosen, in: *H. Hoff:* Lehrbuch der Psychiatrie, 2. Bd.
— Die Angst in psychiatrischer Sicht, in: Die Angst (Sammelband), Zürich 1959.
Berze, Josef: Zur Phänomenologie und Theorie des Beziehungswahnes. Allg. Zschr. f. Psych., Bd. 84, 1926.
Binder, Hans: Die Schizophrenie in fürsorgerischer Hinsicht. Schweiz. Zschr. f. Gemeinnützigkeit, 86. Jgg., Heft 8, Aug. 1947.
Binswanger, Herbert: Kurzes Lehrbuch der Psychiatrie. Zürich 1949.
— Freuds Psychosentherapie. Psyche, X. Jgg., 6. Heft, Sept. 1956.
Binswanger, Ludwig: Grundformen und Erkenntnis des menschlichen Daseins. München/Basel 1963.
— Drei Formen mißglückten Daseins. Tübingen 1956.
— Schizophrenie. Pfullingen 1957.
— Ausgewählte Aufsätze und Vorträge, 2 Bde. Bern 1949 und 1955.
— Melancholie und Manie. Pfullingen 1960.
Bleuler, Eugen: Dementia praecox. 1911.
— Zur Unterscheidung des Physiogenen und des Psychogenen bei der Schizophrenie. Allg. Zschr. f. Psych., Bd. 84, 1926.
— und *Bleuler, Manfred:* Lehrbuch der Psychiatrie. 10. Aufl., Berlin 1960.

Bleuler, Manfred: Krankheitsverlauf, Persönlichkeit und Verwandtschaft Schizophrener und ihre gegenseitigen Beziehungen. Leipzig 1941.
— Gedanken zur heutigen Schizophrenielehre. Wiener Zschr. f. Nervenheilkunde, 1953, 7, 255.
— Forschungen und Begriffswandlungen in der Schizophrenie 1941 bis 1950. Basel 1960.
— Endokrinologische Psychiatrie. Stuttgart 1954.
Bodenheimer, A. R.: Erlebnisgestaltung – Darstellung eines Verfahrens zur Psychotherapie von Psychosen. Basel 1957.
Bornstein, Maurycy: Über einen eigenartigen Typus der psychischen Spaltung (»Schizothymia reactiva«). Zschr. f. d. ges. Neur. u. Psych., Bd. 36. 1917.
Boss, Medard: Einführung in die psychosomatische Medizin. Bern 1954.
— Sinn und Gehalt der sexuellen Perversionen. Bern 1952.
Bowlby, John: Child Care and Growth of Love. London 1953.
— Über das Wesen der Mutter-Kind-Bindung. Psyche, XIII. Jgg., 7. Heft, Okt. 1959.
Brüel, Oluf: Zur Psychodynamik der Schizophrenie. Psyche, VII. Jgg., 7. Heft, Okt. 1953.
Conrad, K.: Die beginnende Schizophrenie. Stuttgart 1958.
Darwin, Charles: Die Entstehung der Arten durch natürliche Zuchtwahl (Reclams Universal-Bibliothek Nr. 3071/80).
— Die Abstammung des Menschen. 2. Aufl. 1874 (Kröner Taschenausgabe Bd. 28).
Delmas-Marsalet, Lafon, Faure: Sur les formes pseudoschizophréniques de la psychasthénie. L'encéphale, Bd. 35, 1942–45.
Elrod, Norman: Über einen Ansatz für die Psychotherapie chronisch Schizophrener. Psyche, XI. Jgg., 5. Heft, Aug. 1957.
Faergeman, Poul: Early differential diagnosis between psychogenic psychosis and schizophrenia. Acta Psych. et Neur. Scand., Vol. XXI, 1946.
Federn, Paul: Ichpsychologie und die Psychosen. Bern 1956.
Finkelstein, Z.: A study in schizophreniform psychoses. Acta Psych. et Neur. Scand., Vol. XXVIII, 1953.
Freud, Sigmund: Die Abwehrneuropsychosen (Ges. Werke, Bd. 1).
— Weitere Bemerkungen über die Abwehr-Neuropsychosen (Ges. Werke, Bd. 1).
— Die Traumdeutung (Ges. Werke, Bd. 2/3).
— Psychoanalytische Bemerkungen über einen autobiographisch beschriebenen Fall von Paranoia (Ges. Werke, Bd. 8).
— Das Ich und das Es (Ges. Werke, Bd. 13).
— Neurose und Psychose (Ges. Werke, Bd. 13).
— Eine Teufelsneurose aus dem 17. Jht. (Ges. Werke, Bd. 13).
— Die Zukunft einer Illusion (Ges. Werke, Bd. 14).
— Das Unbehagen in der Kultur (Ges. Werke, Bd.14; Fischer Taschenbuch Bd. 6043).
Fromm-Reichmann, Frieda: Intensive Psychotherapie. Stuttgart 1959.
— Psychoanalysis and Psychotherapy. Chicago 1959.
Glick, Burton S.: Homosexual Panic, clinical and theoretical considerations. The journ. of Nerv. and Ment. disease, Vol. 129, Nr. 1,

July 1959.

Goldstein, Jago: On the etiology of depersonalisation. The journ. of Nerv. and Ment. disease. Vol. 105, 1947.

Griesinger, Wilhelm: Die Pathologie und Therapie der psychischen Krankheiten. Stuttgart 1845.

Hartmann, Heinz: Ichpsychologie und Anpassungsproblem. Stuttgart 1960.

Heidegger, Martin: Sein und Zeit. Halle 1927.

Hess, Verena: Wandlungen eines paranoiden Menschen in der psychotherapeutischen Begegnung. Psyche, XII. Jgg., 2. Heft, Mai 1958.

Hill, Lewis B.: Der psychotherapeutische Eingriff in die Schizophrenie. Stuttgart 1958.

Hoff, Hans: Lehrbuch der Psychiatrie. Basel 1956.

Hollos, Istvan: Hinter den gelben Mauern. Zürich 1928.

Horney, Karen: Neue Wege in der Psychoanalyse. Stuttgart 1951.

— Der neurotische Mensch unserer Zeit. Stuttgart 1951.

— Unsere inneren Konflikte. Stuttgart 1954.

— Self-analysis. New York 1942.

— Neurosis and Human Growth. New York 1950.

Ideler, K. W.: Versuch einer Theorie des religiösen Wahnsinns. Halle 1850.

Jaspers, Karl: Allgemeine Psychopathologie. Heidelberg 1953.

— Strindberg und Van Gogh. Bern 1922.

Johannson, Allan: Psychotherapeutische Behandlung eines Falles von Schizophrenie. Psyche, X. Jgg., 9. Heft, Dez. 1956.

Jores, Arthur: Der Mensch und seine Krankheit. Stuttgart 1956.

Jung, C. G.: Psychologie der Dementia praecox. 1907.

— Wandlungen und Symbole der Libido. 1912.

— Die Bedeutung des Vaters f. d. Schicksal. Zürich 1949.

— On the psychogenesis of Schizophrenia. Journal of Mental Science, 1939.

Kahn, Eugen: Zur Frage des schizophrenen Reaktionstypus. Zschr. f. d. ges. Neur. u. Psych., Bd. 66, 1921.

— Versuch einer einheitlichen Gruppierung aller schizophrenen Äußerungsformen des Irreseins. Allg. Zschr. f. Psych., Bd. 84, 1926.

— Was ist das Schizophrene am Schizophrenen? Monatsschrift f. Psych. u. Neur., Vol. 124, 1952.

Katan, Maurits: Traum und Psychose. Psyche, XIV. Jgg., H. 10, Jan. 1961.

Kempff, E. J.: Psychopathology, zit. bei *Glick.*

Klaesi, Jakob: Über die Bedeutung und Entstehung der Stereotypen. Berlin 1922.

— *Maier, Manzoni, Steck u. a.:* Schizophrenie und Militärdienst. Schweiz. Archiv. Neurol., 1939, 44, 352.

Klein, Melanie: Die Bedeutung der Symbolbildung für die Ichentwicklung. — Zur Psychogenese der manisch-depressiven Zustände. — Über das Seelenleben des Kleinkindes, einige theoretische Betrachtungen. Psyche, XIV. Jgg., 5. Heft, Aug. 1960.

Knigge, Fritz: Ein Beitrag zur Frage des primitiven Beziehungswahnes. Zschr. f. d. ges. Neur. u. Psych., Bd. 153, 1935.

Kolle, Kurt: Psychiatrie. 2. Aufl., Berlin 1943.

Krapf, Edoardo: Die soziale Therapie der Schizophrenie. Psyche, XII. Jgg., 7. Heft, Okt. 1958.

Kretschmer, Ernst: Körperbau und Charakter. Berlin 1951.

— Der sensitive Beziehungswahn. Berlin 1918.

— Psychotherapeutische Studien. Stuttgart 1949.

Lange, J. u. Bostroem, A.: Kurzgefaßtes Lehrbuch der Psychiatrie, Leipzig 1943.

Langfeldt, Gabriel: The schizophreniform States. London 1939.

Leibbrand, W. und Wettley, A.: Der Wahnsinn. Freiburg 1961.

Lidz, Theodore (und Mitarbeiter): Zur Familienumwelt des Schizophrenen. Psyche (Sonderheft), XIII. Jgg., 5. u. 6. Heft, Sept. 1959.

Lingjaerde, O.: Zit. nach *Benedetti.* —

Loch, Wolfgang: Schulpsychiatrie — Psychoanalyse in Konvergenz. Psyche, XIV. Jgg., 11. Heft, Febr. 1960.

Meduna, L. J.: Oneirophrenia: The confused States. 1950.

Meng, Heinrich: Über Neurosenfragen, Psychosenpsychologie, Endokrinium. Psyche, XIII. Jgg., 9. Heft, Dez. 1959.

Meyer, Adolf: The Commonsense Psychiatry. New York 1948.

Müller, Christian: Über das Senium der Schizophrenen. Basel 1959.

— Über Psychotherapie bei einem chronischen Schizophrenen. Psyche, IX. Jgg., 6. Heft, Sept. 1955.

Mullahy, Patrick (Herausgeber): A Study of Interpersonal Relations. New York 1949.

— Ödipus — Myth and Complex. New York 1948.

— (Herausgeber): The Contributions of H. S. Sullivan. New York 1952.

Popper, Erwin: Der schizophrene Reaktionstypus. Zschr. f. d. ges. Neur. u. Psych., 1920.

Redlich, Fritz C.: Klassenzugehörigkeit, Kultur und Schizophrenie. Psyche, XII. Jgg., 7. Heft, Okt. 1958.

Richter, Derek: Schizophrenie — somatische Gesichtspunkte (Sammelband). Stuttgart 1957.

Rifkin, Alfred (Herausgeber): Schizophrenia in the Psychotherapeutic office practice. New York 1957.

Rohr, Klaus: Beitrag zur Kenntnis der sog. schizophrenen Reaktion — Familienbild und Katamnesen. Arch. f. Psych. u. Zschr. f. d. ges. Neur., 201, 1961.

Rosen, John N.: Direct Analysis. New York 1953.

Rosenfeld, Herbert A.: Zur psychoanalytischen Behandlung akuter und chronischer Schizophrenie. Psyche, IX. Jgg., 3. Heft, Juni 1955.

Rosenkötter, Lutz: Auslösende Faktoren bei akuten Psychosen. Psyche, XII. Jgg., 7. Heft, Okt. 1958.

— Die zwischenmenschliche Theorie der Psychiatrie. Fortschr. d. Neur. Psych., 26. Jgg., Heft 8, Aug. 1958.

Rosenzweig, Norman: Sensory deprivation and Schizophrenia. The am. Journ. of Psych., Vol. 116, 1959.

Schilder, Paul: Seele und Leben — Grundsätzliches zur Psychologie der Schizophrenie, zur Psychoanalyse und zur Psychologie überhaupt. Berlin 1923.

Schneider, Kurt: Über primitiven Beziehungswahn. Zschr. f. d. ges. Neur. u. Psych., Bd. 127, 1930.

Schultz-Hencke, Harald: Der gehemmte Mensch. Berlin 1940.
— Lehrbuch der Traumanalyse. Stuttgart 1949.
— Lehrbuch der Psychotherapie. Stuttgart 1951.
— Das Problem der Schizophrenie. Stuttgart 1952.
Schwing, Gertrud: Ein Weg zur Seele des Geisteskranken. Zürich 1940.
Searles, Harold F.: Die Empfänglichkeit des Schizophrenen für unbewußte Prozesse im Psychotherapeuten. Psyche, XII. Jgg., 6. Heft, Sept. 1958.
— Verlaufsformen der Abhängigkeit in der Psychotherapie der Schizophrenen. Psyche, X. Jgg., 7. Heft, Okt. 1956.
Sechehaye, M. A.: Die symbolische Wunscherfüllung. Bern 1955.
— Die Übertragung in der »réalisation symbolique«. Psyche, X. Jgg., 7. Heft, Okt. 1956.
Seidmann, Peter: Der Weg der Tiefenpsychologie in geistesgeschichtlicher Sicht. Zürich 1959.
Serejski, M.: Zur Fragestellung über Umfang und Klassifikation der schizophrenen Reaktionen. Zschr. f. d. ges. Neur. u. Psych., Bd. 152. 1935.
Siirala, Martti: Die Schizophrenie des Einzelnen und der Allgemeinheit. Göttingen 1961.
Speer, Ernst: Endogen oder reaktiv? Zschr. f. d. ges. Neur. u. Psych., 145. Bd., 1933.
Spitz, René: Die Entstehung der ersten Objektbeziehungen. Stuttgart 1957.
— Nein und Ja — die Ursprünge der menschlichen Kommunikation. Stuttgart 1958.
Staehelin, J. E.: Zur Frage der Emotionspsychosen. Bull. d. Schweiz. Akad. d. Mediz. Wiss., Vol. 2, 1946/47.
Stierlin, Helm: Schizophreniebehandlung in der Klinik. Psyche, XI. Jgg., 7. Heft, Okt. 1957.
— Somatische und psychotherapeutische Aspekte der gegenwärtigen Schizophreniebehandlung. Psyche, XI. Jgg., 12. Heft, März 1958.
Storch, Alfred: Das archaisch-primitive Erleben und Denken der Schizophrenen. Berlin 1922.
Sullivan, H. S.: Conceptions of Modern Psychiatry. New York 1940.
— The Interpersonal Theory of Psychiatry. New York 1953.
— The Psychiatric Interview. New York 1954 (Dt. Erstausgabe »Das psychotherapeutische Gespräch«, Fischer Taschenbuch Bd. 6313).
— Clinical Studies in Psychiatry. New York 1956.
Symposion: Internationales über die Psychiatrie der Schizophrenie (hrsg. von *Benedetti* und *Müller*), 1. Bd. 1956; 2. Bd. 1959. Basel.
Thiemann, Emil: Die affektiven Psychosen. Stuttgart 1960.
Thompson, Clara: Die Psychoanalyse. Zürich 1952.
Urechia, C. J.: Les psychoses réactionelles. L'encéphale, Nr. 8., Sept. Oct. 1931.
Welner und Stroemgren: A Study in schizophreniform psychoses. Acta psych. et neurol. Scand., Vol. 28, 1953.
Wyrsch, Jakob: Die Person des Schizophrenen. Bern 1949.
— Gesellschaft, Kultur und psychische Störung. Stuttgart 1960.

Fremdwörterverzeichnis

abhorrent cravings	abschreckende Bedürfnisse
Adaptationssyndrom	Anpassungs-Syndrom
Adoleszenz	Jünglingsalter
Aetiologie	Ursachenlehre (bei Krankheiten)
Affektivität	Gemütserregbarkeit
Affinität	Verwandtschaft, Nähe
affizierbar	reizbar, erregbar
akzessorisch	hinzukommend, nebensächlich
Ambivalenz	Doppelwertigkeit, Doppelbedeutung
anästhetisch	unempfindlich
anankastisch	zwanghaft, zwangsneurotisch
Angina pectoris	Herzangst, Herzenge
antizipiert	vorwegnehmend, vorweggenommen
Apathie	Teilnahmslosigkeit
archaisch	urtümlich
Arrangement	Anordnung
Assimilation	Aneignung, Angleichung
asthenisch	kraftlos
Autismus	Selbstbezogenheit, Ichhaftigkeit
Autoerotismus	selbstbezogene Sexualität
Autointoxikation	Selbstvergiftung
benigne	gutartig
Biotypus	biologischer Typus
Chauvinismus	extremer Nationalismus
Common sense	gesunder Menschenverstand
conditio humana	menschliche Daseinsbedingung
Credo	Glaubensbekenntnis
Debilität	leichteste Form des Schwachsinns
degenerativ	organischer Abbau, Verfall
deliroid	Verwirrtheitszustand
Dementia praecox	vorzeitige Verblödung
Dementia simplex	spezielle Form von Schizophrenie
Depersonalisation	Entpersönlichung, Entfremdungserlebnis
Desiderat	Wünschbarkeit
Empathie	Einsfühlung, Einssein
endogen	von innen verursacht, körperlich
Endogenologen	Anhänger der Lehre von körperlichen Krankheitsursachen
Endokrinologie	Lehre von den Hormonen
Endokrinopathie	Hormonstörung

epileptoid	epilepsieähnlich
Euphorie	Glückszustand
evozieren	hervorrufen
ex juvantibus	weil es besser wird
exogen	von außen erzeugt
febril	fieberhaft
fiktiv	eingebildet, vorgetäuscht
Finalität	Zielstrebigkeit
fonction du réel	Realitätsbewußtsein
Frustration	Entbehrung, Zielhemmung, Enttäuschung
genealogisch	abstammungsmäßig
Gen-Mythologie	Vererbungs-Mythologie
habit-disorders	Verhaltensstörungen
Halluzination	wahnhafte Sinnestäuschung
Hebephrenie	Jugendirresein
Hereditarier	Anhänger der Vererbungslehre
hereditär	vererbt, angeboren
heterozygot	verschiedengeschlechtlich
hyperästhetisch	überempfindlich
Hypotonie des Bewußtseins	Bewußtseinsschwäche
inhärent	innewohnend
Insuffizienz	Ungenügen
Interpersonal Psychiatry	Psychiatrie der Zwischenmenschlichkeit
intrapsychische Ataxie	fehlende innere Koordination
Introversion	Nach-innen-gewendet-Sein
Introversionsneurose	Neurose mit innerer Abkapselung
Involutionszeit	Rückbildungszeit im Alter, Organ-Abbau
Katamnese	Nachbericht, Schlußbericht
Katatonie	Spannungsirresein, Spezialform der Schizophrenie
Klimakterium	Wechseljahre der Frau
Kollaps	Zusammenbruch
Komplex	(krankhafte) Vorstellungsverknüpfung
Konstitutionalisten	Anhänger der Konstitutionslehre (Körperbau)
leptosom	schlankwüchsig, schmalwüchsig
luzid	lichtvoll, klar
Metabolismus	Stoffwechsel
Metabolisten	Anhänger der Lehre von der Stoffwechselursache bei Psychosen
modus dicendi	Redeweise
Monomanie	Besessenheit von einer Idee, Wahn

Narzissmus	Verliebtsein ins eigene Ich
Neuroplegica	Medikamente zur Lähmung der Nerventätigkeit
Noxe	Schädlichkeit
obsolet	veraltet
Oneirophrenia	Dämmerzustand
overprotectiveness	übermäßiges Beschützen, Verwöhnung
Paradigma	Musterbeispiel
Paranoia	Verfolgungswahn
Pathogenese	Krankheitsentstehung
Pathographie	Beschreibung eines exemplarischen Krankheitsfalles
pathophysiologisch	krankhaft entartete Reaktion
Phänomenologie	Erscheinungslehre, enger: Methode von E. Husserl
post partum	nach der Geburt
Präadoleszenz	frühes Jünglingsalter
prämorbid	vor der Krankheit
präpsychotisch	vor der Wahnerkrankung
Proband	Versuchsperson
Prognose	Vorausschau
Promotor	Förderer
psychästhetische Proportion	Verhältnis zwischen Überempfindlichkeit und Stumpfheit
Psychogenese	seelische Entstehungsgeschichte
psychopathisch	anlagebedingte seelische Anomalie
Psychopathologie	Lehre von den seelischen Erkrankungen
Psychoreaktivität	Reaktion auf seelischer Grundlage
Puerperium	Wochenbett-Zeit
Regression	Zurückschreiten, Zurückfallen im Seelenleben
Relevanz	Wichtigkeit
Residuum	Überbleibsel, Rest
Restitution	Wiederherstellung
Rezidiv	Rückfall
schizoid	abgekapselter Charakter, Zwischenglied zwischen Normalität und Psychose
schizophreniform	schizophrenieähnlich
schizophrenogen	schizophrenieerzeugend
schizothym	Gemütsverfassung bei abgekapseltem Charakter
sedativ	beruhigend, dämpfend
sensitiver Beziehungswahn	Verfolgungswahn bei Hypersensiblen
sensory deprivation	Entzug von Sinneseindrücken
Sexualphobie	Sexualangst
Sisyphos-Arbeit	vergebliche Mühe
sit venia verbo	wenn das Wort gestattet ist
Somnolenz	krankhaftes Schlafbedürfnis
Stereotypie	Erstarrung, Verhärtung, Fixiertsein

sthenisch	kraftvoll
Stringenz	Strenge, Genauigkeit
Stupor	Betäubung
subakut	nicht ganz zugespitzt
Substrat	Grundlage
Symbiose	enges Verschmolzensein, Lebensgemeinschaft
Syndrom	gemeinsam vorkommende Krankheitssymptome
Syphilidophobie	krankhafte Angst vor Syphilis
the missing link	das fehlende Zwischenglied
Toxin	Gift
Trauma	Verletzung
Traumatologie	Lehre von den Verletzungen
Triade	Dreiergruppe
Ulcus ventriculi et duodeni	Magen- und Zwölffingerdarmgeschwür
Verifikation	Bestätigung
zirkulär	Abfolge von Erregungs- und Depressionszuständen

Personen- und Sachregister

157